**Das Taschenbuch
zum Film
nach Michael Endes Roman**

Originalausgabe

WILHELM HEYNE VERLAG

MÜNCHEN

HEYNE ALLGEMEINE REIHE
Nr. 01/6842

© 1986 Rialto/Filmkunst
Lizenz durch: Agentur für Urhebernebenrechte GmbH Merchandising München KG
© der Einleitung und des Beitrags von Rosemarie Fendel cinema –
Die Filmillustrierte, Hamburg 1986
© des Beitrags von Siegfried Schober: zeitmagazin
im Zeitverlag Gerd Bucerius KG, Hamburg 1986
Copyright © 1986 by Wilhelm Heyne Verlag GmbH & Co. KG, München
für diese Zusammenstellung
Printed in Germany 1986
Umschlagillustration: Rialto/Iduna
Umschlaggestaltung: Atelier Ingrid Schütz, München
Druck und Bindung: Presse-Druck Augsburg

ISBN 3-453-02459-1

Inhalt

Einleitung
Momo – der Film................................... 7

Michael Ende
Über Buch und Film ›Momo‹......................... 12

Die Story... 15

Momo
Das Drehbuch...................................... 21

Rosemarie Fendel
Radost Bokel – unsere Momo........................ 175

Siegfried Schober
Eine große Kleine................................... 182

Die Schauspieler
Der technische Stab................................. 189

Einleitung
Momo – der Film

Gebranntes Kind sucht neues Feuer: Michael Ende verdammte die Verfilmung seines Bestsellers ›Die unendliche Geschichte‹ in Bausch und Bogen. Wolfgang Petersen, dem Regisseur, bescheinigte er, aus seinem komplexen Gedankengebäude einen knallig aufgemotzten Comicstrip gemacht zu haben. Ende distanzierte sich vom vermeintlichen Prunkstück der Bavaria Studios. Immerhin war, nach wohlwollender Kritikereinschätzung, ein ganz netter Kinderfilm herausgekommen. Aber genau diese Beschränkung paßte Ende nicht ins Konzept. Sein Erzählkosmos vereint spielerisch leicht Märchen und Wirklichkeit, Mythen und Populärphilosophie, und dazwischen ist jede Menge Platz für Verweise auf die Krise des modernen Menschen.
Momo, auf geheimnisvolle Weise verwachsen mit Allmacht und unergründlichem Zauber der Natur, eroberte sich mit ihrem Kampf gegen die anonymen Zeitdiebe ein Millionenpublikum. ›Momo‹, das war die Alptraumfabel vom ferngelenkten Menschen, der in die Falle der Technokraten und Bürokraten geht. Natürlich war Ende daran gelegen, Ärger wie den mit Petersen diesmal zu vermeiden. Der Ärger kam zwar trotzdem, aber als Produzent Horst Wendlandt dem Autor die Wahl von Regisseur und Drehbuchschreibern zusicherte, nahm das Projekt Konturen an. Ende entschied sich für Johannes Schaaf (›Traumstadt‹), der kurioserweise schon für ›Die unendliche Geschichte‹ vorgesehen war, dann aber ausstieg, weil er sich nicht vorstellen konnte, wie man das ›Nichts‹ angemessen abbilden sollte. Für das Dreh-

buch wurde neben Schaaf auch dessen Lebensgefährtin, die Schauspielerin Rosemarie Fendel, gewonnen. Im Oktober 1985 begannen in den römischen Cinecittà-Studios – Fellini realisierte nebenan ›Ginger und Fred‹ – die Dreharbeiten der 8 Millionen Dollar teuren deutsch-italienischen Co-Produktion.

Der Roman legt sich weder zeitlich noch geographisch genau fest. Er spielt irgendwann im letzten Drittel des 20. Jahrhunderts in einer Stadt im Süden Europas. Eines Tages ist Momo plötzlich da, und keiner weiß, woher sie kommt.

Das Zuhause der unschuldigen Grenzgängerin zwischen Vergangenheit und Zukunft ist eine kleine Höhle im Fundament eines Amphitheaters, das am Rande der Stadt liegt. Dank ihrer seltenen Gabe, anderen Menschen ›zuzuhören‹ und ihnen ein Gefühl von Sicherheit und Geborgenheit zu vermitteln, findet Momo rasch viele Freunde. Mit dem alten Straßenkehrer Beppo und dem jungen, vor Temperament sprühenden Geschichtenerzähler Giggi verbringt Momo viele frohe Stunden. Sie ahnt nicht, daß bald ein düsterer Schatten über die paradiesische Gemütlichkeit der Stadt fallen wird – in Gestalt der Grauen Herren.

Momo, eine entfernte Schwester von Bastian Bux, ist dazu ausersehen, der Menschheit ihr verlorenes Glück zurückzubringen.

Zuerst ist es nur der Friseur Fusi, der auf unerklärliche Weise sein Verhalten ändert. War es vorher ein genügsamer Lebenskünstler, so wandte er sich urplötzlich in einen stumpfen, mißgelaunten und hektischen Schnellarbeiter, der Geld und nüchterne Funktionalität über alles stellt. Es ist, als wäre der gute Fusi von einer seltsamen Krankheit befallen, von einem Virus, der sich alarmierend schnell ausbreitet. Die Menschen nehmen sich keine Zeit mehr für

Freundlichkeiten und Entspannung – alles ›überflüssige Dinge‹, die keinen Gewinn einbringen.
Was ist geschehen? Die Grauen Herren, die Agenten der Zeitsparkasse, streifen umher, suchen die Menschen heim und stehlen ihnen ihre Zeit. Die Grauen Herren sind leicht zu erkennen – und doch erkennt man sie nicht. Sie gehen unauffällig in der Masse unter und sind dennoch allgegenwärtig. Ihre Gesichter sind aschgrau, sie tragen graue Anzüge von der Stange, graue Hüte, schreiben oft etwas in ihre Notizbücher, führen stets ein graues Aktenköfferchen mit sich und rauchen unentwegt dicke Zigarren. Maskenhafte Mutanten, die wie menschliche Schemen aussehen. Die Grauen Herren folgen einem lang vorbereiteten, präzise durchdachten Plan. Ihr Ziel ist es, die Zeit aller Menschen in ihren Besitz zu bringen, denn diese Zeit ist ihr Lebenselixier, an dem sie saugen wie die Vampire an der Halsschlagader.
Es gibt allerdings einen Unsicherheitsfaktor, der den Vormarsch der Grauen Herren ins Stocken bringen könnte: Momo.
Die Zeit-Agenten beschließen, Momo aus dem Weg zu schaffen. Aber Momo ist verschwunden. Sie folgt dem Weg einer Schildkröte.
Diese heißt Kassiopeia und besitzt einen Panzer, auf dem in Leuchtschrift Buchstaben entstehen. Kassiopeia suchte Momo auf, und auf ihrem Rücken flimmerten die Worte: »Komm mit«. Sie führt Momo zu einem Mann, dessen Namen die Grauen Herren nicht einmal auszusprechen wagen: Meister Hora, der Verwalter der Zeit.
Hora, Momo und Kassiopeia, jene Schildkröte, die eine halbe Stunde in die Zukunft sehen kann, nehmen den Kampf gegen die Grauen Herren auf. Um den Zeitdieben das Handwerk zu legen, greift Meister Hora zum äußersten

Mittel seiner Macht: Er hält für eine Stunde die Zeit an. In dieser regungslosen Stunde muß es Momo gelingen, die gefangene Zeit aus der Zentrale der Grauen Herren zu befreien.
›Momo‹ – oder die Unmöglichkeit, in Deutschland eine aufwendige Literaturverfilmung problemlos auf die Beine zu stellen. Über ›Das Boot‹, den unendlichen Ärger um Bastian Bux, bis hin zum ›Zauberberg‹ und Robert van Ackerens ›Tigerin‹: immer das gleiche Bild. Entweder steigen die noch lebenden Autoren den Regisseuren aufs Dach, weil ihnen deren Konzeption nicht paßt, oder die um ihre Investition besorgten Produzenten hadern mit angeblich unfähigen Regisseuren, was einen meist lautstark ausgetragenen Personentransfer zur Folge hat. Im Fall von ›Momo‹ brach der Kulissendonner im September 1983 los, als Michael Ende per einstweiliger Verfügung die geplante Verfilmung stoppen ließ. Grund: Er war mit ›Klimbim‹-Macher Michael Pfleghar als Regisseur und Franz Seitz (›Der Zauberberg‹) als Drehbuchautor nicht einverstanden. Erst ein Jahr später war mit Schaaf und Fendel der allen genehme Mannschaftswechsel vollzogen. Johannes Schaaf ist seit 13 Jahren nicht mehr als Kinoregisseur in Erscheinung getreten, inszenierte bisher nur drei Filme (›Tätowierung‹, ›Trotta‹ und ›Traumstadt‹) und arbeitete vorwiegend am Theater und fürs Fernsehen. Schaaf legte bei seiner ›Momo‹-Inszenierung Wert darauf, »auf all diesen technischen Firlefanz« zu verzichten. Nur da, wo es unumgänglich war, wurden teure Spezialeffekte eingebaut.
Neben der atemberaubenden Entdeckung Radost Bokel umfaßt die ›Momo‹-Crew einen weiteren Darsteller von außerordentlicher Qualität, der vor und hinter der Kamera Filmgeschichte schrieb: John Huston. Er verkörperte Hora Secundus Minutius, den weisen, steinalten Verwalter der

Zeit. Der 79jährige Senior wurde von Horst Wendlandt aus dem Hut gezaubert, was um so überraschender war, da Huston hatte verlauten lassen, er werde nie mehr eine Filmrolle übernehmen. ›Momo‹, das Buch und der Film, handelt vom Aufbegehren der Phantasie gegen kommerzielle Vermassung, falsche Ideale und blinde Ergebenheit an den Materialismus. Es sterben die Träume und die Gefühle. »Wenn es einmal soweit gekommen ist«, weiß Hora, »dann ist die Krankheit unheilbar. Es gibt keine Rückkehr mehr. Man hastet mit leerem, grauem Gesicht umher, man ist genau so geworden wie die Grauen Herren selbst. Ja, dann ist man einer von ihnen. Diese Krankheit heißt: die tödliche Langeweile.« Womöglich ist ›Momo‹ ein antikapitalistisches Buch, ein antiideologisches, ein antikonsumistisches, hoffentlich aber nicht – denn das wäre bitter – ein antirealistisches.

Michael Ende über Buch und Film ›Momo‹

Ich hatte beim Schreiben der MOMO eigentlich gar nicht die Absicht, eine Gesellschaftskritik anzubringen. Das, was mich damals beschäftigte, war ein rein poetisches Problem. Das hängt mit meinem gesamten Kulturkonzept zusammen: Innenwelt in Außenwelt, Außenwelt in Innenwelt zu verwandeln, so daß sich das eine im anderen erkennt. Nur dadurch kann sich der Mensch in einer eigenen Welt zu Hause fühlen. Sonst bleibt er Fremdling in seiner Welt. Ich wollte eigentlich nichts anderes tun, als was der mittelalterliche Märchenerzähler auch getan hat: Der Wald, der König, die Hexe, der Wolf waren Bilder seiner realen Umwelt. Durch einen Akt poetischer Alchemie hat er sie in innere Bilder verwandelt, die Seelisch-Geistiges ausdrücken. Damit wird die Welt eigentlich erst erfahrbar. Innen und Außen fallen zusammen. Doch denkt man an das Telefon – was für ein Innenbild gibt das? Wir leben im Grunde mit lauter Dingen, die wir zwar selber geschaffen haben, für die es aber keine Entsprechung in unserem Innern gibt. Das heißt: Unsere Welt bleibt uns im Grunde genommen fremd.

Das war die Frage, die mich beim Schreiben der MOMO beschäftigt hat. Daß sich dabei ein so erschreckendes Bild von unserer Welt ergeben hat, liegt einfach daran, daß ein solch poetisches Bild die Realität zwingt, ihr wahres Gesicht zu zeigen.

Ich bin froh, daß JOHANNES SCHAAF die poetische Botschaft von MOMO erhalten hat und die Fabel über das Gesicht des

Kindes und die expressive Darstellungskunst der Schauspieler aufgelöst hat. Somit konnte er auf elektronische Mätzchen à la Hollywood verzichten. Zusammen mit ANGELO BRANDUARDIS einfühlsamer Musik und den großartigen Bauten von DANILO DONATI war das der richtige, der einzige Weg.

Die Story

Herr Ende (MICHAEL ENDE) lernt während einer Eisenbahnfahrt eine seltsame Person kennen: Ihm gegenüber sitzt ein weiser alter Mann mit grauem Bart. Es ist Meister Hora (JOHN HUSTON), der ihm eine Geschichte erzählt, die wirklich geschehen sein soll und die tatsächlich überall geschehen könnte...
Sie ist ganz normalen Menschen widerfahren, die friedlich am Rande irgendeiner Stadt leben.
Wie überall auf der Welt gehen diese Menschen ihrer täglichen Arbeit nach, die sie mehr schlecht als recht ernährt. Doch sie sind zufrieden mit ihrem Leben, denn die Arbeit ist für sie nicht das einzige, das zählt. Sie haben viele Freunde und versuchen, sich den Alltag so angenehm wie möglich zu gestalten. Beliebtester Treffpunkt ist – wie überall – eine Schänke. Der Wirt Nino (NINETTO DAVOLI) ist zu allen freundlich und schreibt auch einmal an, wenn bei dem einen oder anderen das Bargeld wieder etwas knapp ist. Wenn es aber unbedingt sein muß, dann läßt er sich auch einmal auf eine Rauferei ein. Den häufigsten Anlaß dazu bietet der Maurer Nicola (MARIO ADORF), ein an sich gutmütiger Kerl, der leider zu oft zu tief ins Glas schaut.
Auch Gigi (BRUNO STORI) ist häufiger Gast in Ninos Kneipe. Er schlägt sich als Fremdenführer durchs Leben, wobei er allerdings mehr seiner eigenen Phantasie als den Geschichtsbüchern vertraut.
Auch Beppo Straßenkehrer (LEOPOLD TRIESTE) verbringt seine Zeit lieber bei Nino als auf der Straße. Für seine Arbeit hat er sich ein eigenes System ausgetüftelt: Besenstrich –

Atemzug – Schritt – Besenstrich – Atemzug ... Der Barbier Fusi (FRANCESCO DE ROSA) ist mit seinen Gedanken mehr bei seiner Angebeteten, der gelähmten Frau Daria (ELIDA MELLI), als beim Haareschneiden.
Ganz normale Leute also, in einem ganz normalen Ort, der überall sein könnte. Doch eines Tages macht Beppo Straßenkehrer eine Entdeckung, die einige Unruhe in das verschlafene Nest bringen wird.
Als er am alten, verfallenen Amphitheater die Straße fegt, entdeckt er in den Ruinen ein kleines Mädchen mit großen Kulleraugen, etwas abenteuerlich gekleidet mit einem bunten Flickenrock und in einer viel zu großen Männerjacke. Sie hat keine Eltern, sagt Momo (so nennt sich das Kind), und da sie Angst hat, in ein Waisenhaus gesteckt zu werden, hat sie sich hier in einer kleinen Höhle verkrochen. Schnell gewinnt sie das Vertrauen von Beppo, Gigi, Nicola und all den anderen liebenswerten Bewohnern der kleinen Stadt, die sich alle Mühe geben, ihre Höhle in ein gemütliches Zuhause zu verwandeln.

Momo (RADOST BOKEL) ist glücklich über die vielen Freunde, die sie so schnell gewonnen hat. Und auch der ganze Ort ist glücklich über Momo, denn sie verfügt über eine außergewöhnliche Fähigkeit: Sie ist eine gute Zuhörerin, und es gelingt ihr sogar – nur durch das Zuhören –, die Kampfhähne Nino und Nicola zu versöhnen und den seit einem halben Jahr verstummten Kanarienvogel von Frau Daria wieder zum Singen zu bringen. »Ich glaube, man muß ihm zuhören, auch wenn er *nicht* singt...«, sagt sie.
Oft kommen Kinder des Ortes zu Momo. Sie spielen zusammen und ersinnen sich ihre Traumwelten. Einmal, als gerade ein furchtbarer Sturm aufkommt, stellen sie sich vor, sie befänden sich auf einem Schiff, mitten in einem schreck-

lichen Unwetter. Sie werden von dem echten Gewitter überrascht und tanzen beglückt durch den Regen.
Die Idylle wird zerstört, als eines Tages die ›Grauen Herren‹ in der Stadt auftauchen. Plötzlich sind sie da, keiner weiß, woher sie gekommen sind. Keiner wagt, mit dem anderen über sie zu sprechen. Überall, wo sie auftauchen, legt sich eisige Kälte über die Menschen und ihre Herzen. Niemand, der von diesen bedrohlichen Wesen besucht wird, kann sich später an diesen Besuch erinnern. Noch spürt niemand die Gefahr, die von ihnen ausgeht, aber das soll sich bald ändern...
Fusi, der Barbier, macht als erster die Bekanntschaft eines ›Grauen Herrn‹. Eigentlich ist er ganz zufrieden mit seinem Leben: er hat sein Geschäft und sorgt für seine alte Mutter, um die er sich rührend kümmert. Die Liebe zu Frau Daria, der er täglich eine andersfarbige Blume verehrt, macht ihn glücklich. Als eines Tages ein ›Grauer Herr‹ seinen Laden betritt, ändert sich sein Leben von Grund auf. Sein Besucher ist Agent einer ›Zeitsparkasse‹ und hat es – wie seine Kollegen – auf die Zeit des Menschen abgesehen. Der Chef der ›Grauen Herren‹ (ARMIN MUELLER-STAHL) überzeugt Fusi, seine kostbare Zeit nicht länger für Gefühle und andere sinnlose Dinge zu verplempern. Er bringt ihn dazu, ein Konto bei der ›Zeitsparkasse‹ zu eröffnen und seine Zeit von nun an zu sparen. Als er den Friseurladen verläßt, hat Fusi ihn schon vergessen. Nicht jedoch seinen Vorsatz, Zeit zu sparen. Als erstes weist er seinen Lehrling an, die für Frau Daria besorgte Blume auf den Müll zu werfen.
In der ganzen Stadt wimmelt es nun von ›Grauen Herren‹. Und die Menschen – unfähig, sich gegen diese Bedrohung zu wehren – beginnen, sich zu verändern. Nino fängt an, wie besessen zu arbeiten, Nicola folgt seinem Beispiel, und selbst Beppo legt Sonderschichten ein.

Eine Welle der Arbeitswut erfaßt die Stadt. Niemand hat mehr Zeit für den anderen. Fusi steckt seine alte Mutter in ein Altersheim, Nino wirft alte Stammgäste, die sonst ihren Schoppen auch einmal umsonst trinken durften, hinaus, um die Plätze für Touristen und andere zahlungskräftige Gäste freizuhalten.

Momo kann das Verhalten ihrer Freunde nicht begreifen. Aber bald erhält auch sie Besuch von einem Agenten der ›Zeitsparkasse‹, der sie mit wunderschönen, vollautomatischen, aber seelenlosen Puppen bestechen will. Auch Momo soll Zeit sparen. Momo aber hält ihm entgegen, daß das einzige, was für sie zählt, die Liebe ihrer Freunde ist, für die sie Zeit haben will. Damit hat Agent BLW 533/C (SILVESTER GROTH) nicht gerechnet. Er wird unsicher, beginnt zu stammeln und verrät Momo, daß er und seine Kollegen den Menschen die Lebenszeit stehlen wollen.

Die Zeitsparkasse entpuppt sich als der größte Betrug, der der Menschheit je zugefügt worden ist. Entsetzt über seine eigene Offenbarung flieht der Agent, jedoch wird ihm von seiner Organisation der Prozeß deswegen gemacht, und er wird vernichtet.

Momo hat genug gehört, und als einzige vergißt sie den Besucher auch nicht. Sie organisiert eine Kinderdemonstration, um den Erwachsenen zu zeigen, daß sie um ihre Lebenszeit betrogen werden. Aber kein Erwachsener hat mehr Zeit, die Protestaktion scheitert an der Gleichgültigkeit der Menschen.

Allein und verzweifelt sitzt Momo im Amphitheater, als plötzlich eine Schildkröte auftaucht. Sie bedeutet Momo, mit ihr zu kommen. Immer, wenn Momo in Schwierigkeiten gerät, tauchen auf dem Panzer des Tieres Leuchtbuchstaben auf, die ihr sagen, was sie zu tun hat. Wie gut, daß Beppo vor dem Auftauchen der ›Grauen Herren‹ noch Zeit hatte, ihr Lesen beizubringen! Die Schildkröte führt Momo zu Meister Hora, dem Hüter der Zeit, dem einzigen, der ihr im Kampf gegen die ›Grauen Herren‹ helfen kann.

Inzwischen haben die Zeitdiebe erkannt, daß Momo eine große Gefahr für sie und ihre Pläne bedeutet. Sie machen sich auf die Suche nach ihr.

Doch Momo folgt der Schildkröte Kassiopeia, die in die Zukunft sehen kann und daher alle Orte meidet, an denen die grauen Verfolger Momo suchen. Meister Hora hat Momo schon erwartet. Er führt sie zu einer strahlenden Goldkuppel, an deren Rand in einem Teich die Stundenblumen wachsen. Diese Blumen stehen für die Lebenszeit eines jeden Menschen. Für die Zeitdiebe sind sie begehrte Beute und Lebenselixier zugleich, denn sie drehen sich aus den Blättern der Stundenblumen ihre Zigarren, ohne die sie nicht existieren können.

Momo schläft ein. Als sie wieder erwacht, erklärt ihr Meister Hora, daß sie soeben ihrem Herzen sehr nahe war und alle menschliche Zeit gesehen habe. Diese Erfahrung kann sie anderen jedoch erst mitteilen, wenn sie — einem Samenkorn gleich, das ein Jahr unter der Erde ruht — ein Jahr in Tiefschlaf falle.

Ein Jahr ist vergangen, und vieles hat sich verändert. Aus dem beschaulichen Ort ist eine hektische Großstadt geworden. Momo erwacht allein im Amphitheater. Als sie ihre Freunde sucht, muß sie erkennen, daß die ›Grauen Herren‹ erfolgreich gearbeitet haben. Aus Ninos Kneipe ist ein unpersönliches Selbstbedienungsrestaurant geworden, Gigi ist zum unnahbaren Showstar aufgestiegen und die Kinder sind in ›Zentralen‹ untergebracht, wo sie ›nützliche‹ Dinge lernen — und das Spielen verlernen.

Momo ist einsam. Auf diesen Augenblick haben die ›Grauen Herren‹ gewartet. Denn sie brauchen Momo. Sie allein

weiß, wo Meister Hora wohnt. Und auf dessen Stundenblumenteich haben sie es abgesehen.
Um Mitternacht machen sie Momo das Angebot, alle ihre Freunde freizulassen – unter der Bedingung, daß sie sie zu Meister Horas Haus führt. Momo ist verzweifelt und ratlos. Was geschieht mit dem Rest der Menschheit, wenn sie Meister Hora verrät? Doch es scheint keine Möglichkeit zu geben, die Macht der ›Grauen Herren‹ zu brechen. Momo macht sich auf den Weg. Die Zeitdiebe folgen ihr.
Kann Momo die ›Grauen Herren‹ noch überlisten? Ein Kampf auf Leben und Tod bahnt sich an. Doch Meister Hora und Kassiopeia halten ihre schützende Hand über Momo.
Im letzten Moment gelingt es ihr, den Zeitspeicher der Zeitdiebe zu finden und zu verschließen. Sie entreißt den ›Grauen Herren‹ die für ihr Leben notwendigen Zigarren. Ohne ihren blauen Dunst lösen sie sich blitzschnell in Nichts auf.

Momo hat die Menschen von einem bösen Spuk befreit...

MOMO

DAS DREHBUCH

von

JOHANNES SCHAAF

ROSEMARIE FENDEL

MICHAEL ENDE

MARCELLO COSCIA

nach der Geschichte von

MICHAEL ENDE

1. Zugabteil – Innen/Abend

Ein altmodischer Zug, der aber heute im italienischen Verkehr eingesetzt ist (zum Beispiel zwischen Domodossola und Arona). Er hat nicht sehr bequeme, aber hübsch anzusehende Holzbänke im durchgehenden Abteil. Gemütlich zockelt er durch die dämmrige Landschaft, hält an jeder der zahlreichen Stationen.
M. Ende sitzt allein im Coupé an einem Fensterplatz und liest in einer Zeitung. Seine Aktentasche hat er neben sich auf dem Sitz. Er nimmt sich müde die Brille von der Nase, reibt die Augen, will die Brille wegstecken, bemerkt, daß ihm plötzlich ein Knabe gegenübersitzt. Dieser hat ein seltsames feines Gesicht und trägt einen seltsamen altmodischen Anzug. Es ist nicht genau auszumachen, welchem Jahrhundert er entstammt. Es ist der sehr junge HORA.
HORA nickt Ende freundlich zu und lacht ein angenehmes, beinah lautloses Lachen.
ENDE nickt freundlich und etwas verwirrt zurück, schließt die Augen, legt seine Hand darüber, zieht die Hand weg, öffnet seine Augen wieder, schaut sein Gegenüber an. Er ist in der kurzen Zeit sichtbar gealtert, HORA ist nun 40–50 Jahre alt. Er trägt immer noch den gleichen Anzug.
HORA lacht etwas lauter und nickt freundlich dem verblüfften ENDE zu.
ENDE setzt seine Brille wieder auf, nimmt sie ab, putzt sie, setzt sie wieder auf und sieht sich nun einem Greis gegenüber.
Erschrocken breitet ENDE die große Zeitung ganz aus und hält sie sich vors Gesicht.

HORA: Ich bemerke, daß Sie Zeit haben, sonst hätten Sie bestimmt einen eiligeren Zug genommen. Wie schön!

ENDE läßt die Zeitung sinken.

HORA: Ich würde Ihnen gerne eine Geschichte erzählen. Darf ich?

ENDE zuckt unbestimmt die Achseln.

HORA: Ich erzähle sie Ihnen so, als geschehe sie erst in Zukunft ... nein – ich werde sie so erzählen, als ob sie schon geschehen wäre ...
Für mich macht das keinen großen Unterschied.
Sie begann am Rande einer großen Stadt.

2. Vorstadt (vor Ninos Kneipe) – Außen/Tag

Eine Kneipe mit angedeutetem Vorgarten, der nur aus zwei Blechtischchen, ein paar verrosteten Stühlen und einer steinernen Bank besteht, auf der Kinder sitzen. Der Hof ist halb zementiert, links ist der Eingang zur Küche, ein Müllkübel steht davor, unordentlich liegt Abfall daneben, ein paar aufgerissene Plastiktüten. Die Kinder hocken gelangweilt herum, vor ihnen ein schreiendes Baby. Eines der Kinder wirft ihm in kurzen Abständen kleine Steinchen zu, was das Baby auch nicht fröhlicher macht. Der rosa Pudel und die zwei Möpse kommen ins Bild, dahinter GIGI im Gespräch mit NICOLA.

GIGI:	Na los, komm mit rein, wir besprechen das alles.
NICOLA:	Nein, du weißt doch, zu dem geh' ich nicht mehr – gibt doch nur

>   Streit —, kann mein Bier auch
>   woanders trinken.

Gigi drückt Nicola die Hundeleinen in die Hand, nimmt das Baby auf den Arm und verschwindet im Lokal.

GIGI: Wart 'nen Augenblick.

Nicola steht unschlüssig mit den Hunden herum, eines der Kinder stürzt sich auf den rosa Pudel, der Pudel schnappt. Es gibt ein großes Geschrei. Die Kamera schwenkt hoch auf ein Fenster. Wir sehen durch das Fenster ins Lokal.
Die Kneipe ist sehr spärlich, dafür aber geschmacklos eingerichtet. Vier bis fünf Tische, Stühle mit Rohrgeflecht, eine kleine Theke mit Espressomaschine, an den Wänden aus schwarzem Draht gefertigte Figuren: Schneewittchen und die sieben Zwerge. Im hintersten Winkel sitzen 4 ALTE MÄNNER, einer davon ist ONKEL ETTORE. Sie schlabbern ihre Spaghetti. An einem etwas längeren Tisch ein paar Handwerker in Arbeitskleidung. Sie haben schon gegessen und trinken in Ruhe ihren Wein oder Kaffee. LILIANA, die Wirtin, eine rundliche hübsche Frau, bedient. Gigi steht vor ihr mit dem schreienden Baby. Liliana nimmt es ihm ab und beruhigt es zärtlich.

3. Vorstadt (Ninos Kneipe) — Innen/Tag

Im Türrahmen erscheint Nicola mit den Hunden. Er zögert, einzutreten.

NICOLA: *(zu Gigi)* Was soll ich denn mit den Hunden machen? Ich muß zur Arbeit!

GIGI: Komm rein, sei kein Frosch, ich geb einen aus.

Nicola macht gutmütig ein paar zögernde Schritte ins Lokal. Die alten Männer begrüßen ihn wie einen lang Vermißten, einer der Handwerker ebenfalls. In diesem Augenblick schießt Nino aus der Küche ins Lokal. Er greift eine Pfeffermühle, ein langes, großes Ding und bedroht Nicola. Sein Gesicht ist rot vor Zorn.

NINO: Mach, daß du rauskommst! In meinem Lokal trinkst du keinen Tropfen mehr!

Nicola greift hinter sich, erwischt eine Vase, die, mit Strohblumen gefüllt, auf einer wackligen Konsole steht, und will sie auf Nicola werfen.
Die Hunde, die Nicola immer noch an den Leinen hält, mißverstehen die Bewegung, kriegen Angst, zerren an ihren Leinen und bringen Nicola zu Fall. Dabei zerbricht die Vase. Mehr aus Schreck über die kaputte Vase bleibt Nicola wie ein Käfer auf dem Rücken liegen. Schon steht Nino breitbeinig über ihm, wie ein Gladiator, und dreht genüßlich an der Pfeffermühle, Nicola den Pfefferschrot in die Nase streuend.
Nicola fängt heftig an zu niesen und läßt endlich die Hundeleinen los, die Hunde verkriechen sich – laut jaulend und niesend – in allen Ecken. Nicola springt auf, er ist sehr viel größer und stärker als Nino, packt diesen am Kragen und schleppt ihn nach draußen. Die Hunde suchen ebenfalls das Freie. Die Kinder drängen von draußen herein, verheddern sich in den Leinen, eins fällt hin, schreit gemeinsam mit dem Baby, langsam blendet der Ton aus, und über den nachfolgenden Einstellungen hört man die Stimme HORA's aus dem Zug.

STIMME HORA:	Sie sehen, es handelt sich um Leute, wie sie in jeder Vorstadt leben, etwas verrückt, aber doch liebenswert. Fast jeder von ihnen hat einen Beruf, der ihm zwar nicht viel einbringt, ihn aber ernährt und noch Zeit zu Fröhlichkeit und Streit läßt.

4. Vorstadt (vor Ninos Lokal) – Außen/Tag

NICOLA hat NINO losgelassen, der springt wie ein Kastenteufelchen auf NICOLA los und gibt ihm schnell hintereinander zwei Ohrfeigen – patsch, patsch.
Da nimmt NICOLA den kleinen Kerl, tunkt sein Gesicht in eine Abwasserpfütze. GIGI kommt herausgestürzt, hebt NINO auf.

5. Vorstadt (Ninos Lokal) – Innen/Tag

Alles hat sich beruhigt – die Handwerker essen, die Alten trinken Wein oder Kaffee. Auch GIGI hat einen vollen Teller vor sich. NINO steht hinter der Theke, tunkt eine Serviette ins Spülbecken und wischt sich den Dreck ab. LILIANA bringt GIGI ein Glas Wein.

GIGI:	Warum streiten sich die beiden eigentlich, waren doch früher die besten Freunde?

LILIANA:	*(lacht)* Das ist es ja, das wissen sie selber nicht mehr.
NINO:	Den bring ich nochmal um... Der wollte mich umbringen – hat mein ganzes Lokal demoliert.
LILIANA:	Hat er nicht. Die Vase hatte schon vorher einen Sprung.
GIGI:	*(trinkt)* Und was ist jetzt mit der Gitarre – gibt er sie mir?
LILIANA:	Frag ihn doch selbst.
NINO:	*(noch unlustig):* Wozu brauchst du 'ne Gitarre, kannst doch gar nicht spielen.

LILIANA geht kurz entschlossen hinter die Theke und nimmt eine alte, verstaubte Gitarre von der Wand, die dort als Dekorationsstück hängt. Alte, vertrocknete Blumensträußchen, eine Speisekarte etc. fallen auf den Boden.

LILIANA:	Du auch nicht, also gib sie ihm.
NINO:	*(macht eine Handbewegung)* Laß fahren dahin, ist sowieso alles egal.

LILIANA legt GIGI die Gitarre wie ein Kind in den Arm.

LILIANA:	Da, du Kindskopf – na und nun?

GIGI zupft ein bißchen, eine Saite reißt und springt ihm ins Gesicht. Alles lacht.

GIGI:	Wartet's nur ab! Morgen könnt ihr's hören – morgen kommt ein ganzer Bus voll Touristen ins Theater. Wenn ihr kommt, könnt ihr's hören.

6. Vorstadt (vor Beppos Hütte) — Außen/Tag

STIMME HORA: Aber da passierte etwas, das das Leben all dieser und noch vieler Menschen veränderte.

Ein sehr früher Morgen, die Sonne ist noch nicht aufgegangen. Beppo hat sich seine Hütte selber aus Ziegelsteinen, Wellblechstücken und Dachpappe zusammengezimmert. Er tritt vor den Eingang seiner Hütte, einen Straßenkehrerbesen in der Hand, schaut zum wolkenlosen Morgenhimmel hoch und fängt dann an, den Weg vor seiner Hütte zu kehren. Er tut dies in einer bedächtigen und konzentrierten Weise. Hingegeben an seine Arbeit, nähert er sich immer mehr dem Theater. Sein Besen ist am Schluß groß im Bild.

Unter der Ruine der Bühne sind ein paar halb eingestürzte Kammern, in die man durch ein Loch in der Außenmauer kriechen kann. Aus diesem Loch lugt der Fuß eines kleinen Mädchens. Der hat eine pechschwarze Sohle, und daß er einem kleinen Mädchen gehört, kann man nur vermuten, weil der andere Fuß, von einem bunten, flickenbesetzten Rock verdeckt, zu spüren ist.

Beppo's roter Besen fährt unsanft über den schwarzen Fuß. Der Fuß zieht sich erschrocken zurück. Auch Beppo erschrickt; er steht da, kratzt sein Kinn, überlegt. Nichts passiert, nur die erwachenden Zikaden sind zu hören. Beppo schaut zum Himmel auf, der verspricht einen sonnigen Tag.

BEPPO: Wer bist du?

Keine Antwort — die Zikaden zirpen. Beppo beugt sich hinunter zu dem Loch und ruft hinein:

BEPPO: Wer bist du?

BEPPO schüttelt den Kopf und geht bedächtig durch einen verfallenen Torbogen in das Amphitheater hinein. Im Amphitheater bleibt er vor einem größeren Eingang in ein Gemäuer stehen, in dem er MOMO vermutet, und versucht es noch einmal.

BEPPO: Wer bist du?

Nach geraumer Zeit antwortet ein leises Stimmchen.

MOMOS STIMME: Momo.
BEPPO: Was machst du hier?
MOMOS STIMME: Ich wohne.

Pause

MOMOS STIMME: Bist du ein Polizist?
BEPPO: Hast du Hunger?
MOMOS STIMME: O ja, sehr!

BEPPO denkt nach.

MOMOS STIMME: Wer bist du?
BEPPO: Beppo Straßenkehrer.
MOMOS STIMME: Guten Morgen.
BEPPO: Guten Morgen.

Nachdenklich schultert BEPPO seinen Besen und geht durch das Amphitheater davon, eben fallen die ersten Sonnenstrahlen ins Theaterrund.

7. Vorstadt (Ninos Kneipe) – Innen/Tag

Ein schwarzer Besen kehrt Essensreste, Papier, Zigarettenstummel zusammen. Beppos Besen erscheint im Türrahmen, gesellt sich zu dem anderen, fegt eine zerknüllte Serviette zu dem bereits vorhandenen Kehrichthaufen.

BEPPO: Guten Morgen, Liliana.
LILIANA: Guten Morgen, Beppo.

Die beiden Besen kehren. Liliana stellt ihren weg und beugt sich mit Kehrschaufel und Handbesen ins Bild.

LILIANA: Was machst du denn schon so früh hier? Ist doch Sonntag!

Sie stellt die Stühle von den Tischen wieder an ihren Platz. Beppo fegt. Liliana will den großen Tisch wieder an seine Stelle rücken.

LILIANA: Hilf mal!
BEPPO: Im Theater ist ein Momo.
LILIANA: Was ist da?
BEPPO: Ein Momo.
LILIANA: Was! Was ist das?
BEPPO: Weiß nicht – glaub, ein Kind.
LILIANA: Und?
BEPPO: Sagt, es wohnt da.
LILIANA: Ein Kind? Allein?
BEPPO: Hm! Es hat Hunger – verkauf mir was, ja?

Er stellt seinen Besen hin und greift nach Geld in seiner Hosentasche. Liliana schaut ihn groß an und winkt ab.

LILIANA: Laß nur, laß – ich geb dir was!

8. Amphitheater — Außen/Tag

GIGI macht eine Führung mit ein paar amerikanischen Touristen. Die Leute aus der Vorstadt schauen zu, sie hocken auf den Stufen des Amphitheaters. Es sind vorwiegend diejenigen, die wir in der Kneipe schon kennengelernt haben. Eine Menge Kinder springen herum, unter ihnen CARLO, MATTEO, PAOLO, MAUREEN, FRANCO, SARA und MARIA. LILIANA hat ihr Baby, das die meiste Zeit schreit, auf dem Arm, NINO und NICOLA hocken halb hintereinander. ETTORE mit seinen Alten ist da, Herr FUSI mit Frau DARIA, die im Rollstuhl sitzt. NICOLA hat eine Bierflasche in der Hand und prostet höhnisch NINO zu.

NICOLA: Prost, du Weinpanscher!
NINO: *(droht mit der Faust und sagt sehr laut zu seiner Frau)* Der soll machen, daß er wegkommt.
NICOLA: *(zu Liliana)* Diese Kneipe gehört dem lieben Gott, sag ihm das.

Das Baby fängt bei dem Streit der beiden wieder zu brüllen an.

LILIANA: Pst, sprecht anständig miteinander, man muß sich ja schämen.
NINO und NICOLA: *(gleichzeitig)* Mit dem sprech ich mein Leben lang nicht mehr.

Plötzlich beginnt Gitarrenmusik, die das ganze Amphitheater füllt.

Auf dem Grund des Theaters steht ein Grüppchen amerikanischer Touristen — 3 Witwen, mit straßbesetzten Schleierchen auf den Hüten und stark geschminkten Gesichtern, ein dicker Herr im Hawaiihemd, ein phlegmatischer, sommer-

sprossiger Junge. Eine noch gut erhaltene Amerikanerin, die offensichtlich Gefallen an GIGI gefunden hat, mit dem uns wohlbekannten rosa Pudel, genannt Pinki. Sie hören andächtig GIGI zu, der halb im Innern einer der vielen Grotten des Amphitheaters steht, ein wenig abgewandt von seinen Zuhörern, und die Gitarre spielt. Er spielt sehr schön, beinahe virtuos.
Auch unsere Vorstadtleute haben ihren Streit vergessen und sind völlig verblüfft. NINO stupft LILIANA, macht die Bewegung des Gitarrenspielens nach und dann eine verblüffte, fragende Geste, die ausdrückt: aber wie ist sowas möglich! LILIANA zuckt ratlos die Schultern, steht auf, um besser über die Touristen hinweg GIGI zu sehen.

GIGI steht, die Gitarre durch seinen Körper halb verdeckt, wie vorher. Jetzt wendet er seinen Kopf und singt die Dame mit dem rosa Hündchen an. Dabei improvisiert er einige Nonsensreime: amore, sapore, cuore. Die amerikanische Dame ist fasziniert und merkt gar nicht, wie Pudel Pinki ihr die Leine aus der Hand zieht und durch die Beine der Touristen sich in Richtung GIGI trollt. Die Leine, straßbesetzt, schleift hinterher.
Im Innern der Grotte steht ein Kassettenrecorder, wir erkennen die Quelle für GIGIS Virtuosität. Der Recorder steht etwas hinter Geröll und Steinen verborgen. Pinki schnuppert am Recorder, hebt dann das Bein und pinkelt einen Strahl auf den Recorder.

GIGI genießt selig seine Gitarrenvirtuosität. Plötzlich fängt das Kassettenband zu leiern an, wird langsamer, jault.
GIGI ist einen Moment völlig verdutzt, hört zu spielen auf, läßt die Gitarre sinken, spielt dann schnell weiter, um die Panne zu kaschieren und sprudelt lautstark los:

GIGI: Das ist die Akustik, meine Damen und Herren! Die Akustik ist einfach zu alt in diesem alten Theater. Und die Gitarre – auch alt! Antik, antik – stammt noch aus Kaiser Neros Zeiten, mindestens 300 Jahre alt –

Während dieser Suada ist er ins Innere der Grotte gestürzt. Er stellt den Recorder ab, gibt Pinki einen unsanften Klaps mit der Gitarre. Jaulend flüchtet sich Pinki in Frauchens Arme

PINKI'S FRAUCHEN: Oh, Pinki, where were you? come here, sweety!

Fröhlich seine Gitarre schwenkend, kommt GIGI aus der Grotte. Sein Selbstbewußtsein ist nicht zu erschüttern.

GIGI: So, meine Herrschaften, ich hoffe, Sie sind beeindruckt von der antiken Akustik dieser Grotte.

Die Touristen applaudieren höflich, unsere Vorstadtleute feixen, nur der sommersprossige Amerikanerjunge schüttelt skeptisch den Kopf und will sich anschicken, die Grotte zu untersuchen. GIGI schnappt ihn sich und zieht ihn mit.

GIGI: Und nun, meine Herrschaften, kommen wir zur dreizehnten und letzten, aber auch interessantesten Höhle. Sie ist noch voll begehbar, auch sind noch einige Wandmalereien aus dem amourösen Leben der Kaiserin Strapazia Augustina mehr oder weniger erhalten.

Er führt seine Truppe weiter und stößt auf BEPPO, der auf seinen Besen gestützt mit ernster Miene dasteht und den Eingang versperrt.

GIGI: Was ist denn, mach Platz!
BEPPO: Geht nicht.
GIGI: Warum? Los, geh weg, du siehst doch, ich hab 'ne Führung.
BEPPO: Bitte, Gigi, schick sie weg... ja?

Sein Ton hat etwas so ehrlich besorgtes, daß GIGIS Jungengesicht auf einmal ganz ernsthaft wird.

GIGI: Bist du krank?

BEPPO schüttelt den Kopf und tritt entschlossen einen Schritt vor. Dabei hebt er den Besen, als ob er mit dem Flammenschwert den Eingang verteidigen wolle.

BEPPO: Schick sie weg, bitte!

GIGI zuckt die Schultern und wendet sich dann an seine Touristen.

GIGI: Tja, meine Herrschaften: wie ich soeben von meinem Mitarbeiter Beppo Straßenkehrer erfahre, besteht bei Kaiserin Strapazia Augustina höchste Einsturzgefahr. Und somit darf ich bitten, diese einmalige Führung für heute als beendet zu betrachten.

Er hält sein Mützchen hin und führt die Amerikaner zum Ausgang, die mit »how nice« und »how beautiful« und »let's go, it's coffee-time« und »it's very interesting, isn't it?« sich schnatternd verziehen und zu ihren Autos gehen.

Die Kinder springen herum, die Vorstadtleute sind aufgestanden, LILIANA wendet sich an BEPPO.

LILIANA: Na, wo ist denn dein Momo?
BEPPO: *(zeigt ins Innere der Höhle):* Da drin.
LILIANA: Warum kommt's nicht raus?

BEPPO zaudert einen Moment, entschließt sich dann doch zu antworten.

BEPPO: Hat Angst, ihr könntet's ins Heim zurückschicken.
LILIANA: Hat es denn keine Eltern?
BEPPO: Nein, niemand – will hierbleiben.
LILIANA: Wie alt ist es denn?
BEPPO: Weiß nicht.

Die anderen, auch die Kinder, sind nähergekommen, stehen im Halbkreis um Beppo herum, der schützend vor der Höhle steht.

BEPPO: *(ruft hinein)* Wie alt bist du denn eigentlich?
MOMO: *(sehr kleinlaut)* Hundert?

Die Leute lachen.

MOMO: *(noch kleinlauter)* Hundertzwei?

Nicola vergißt, daß er Streit mit Nino hat, drängt sich vor und will in die Höhle. Beppo macht sich groß, Gigi nimmt die Sache in die Hand.

GIGI: Ruhe – meine Herrschaften, Ruhe! Offensichtlich handelt es sich hier um ein kleines Mädchen, das Angst hat. Es ist aus einem dieser schrecklichen Heime weggelaufen — es hat niemanden, der für es sorgt. Und es kann nicht zählen! Offensichtlich will es hierbleiben, weil es ihm hier gefällt — uns gefällt es auch hier. Jetzt wollen wir doch mal sehen, ob uns das kleine Mädchen auch gefällt, und wenn es uns gefällt — warum soll es dann nicht hierbleiben? Also, komm raus, kleines Mädchen! Hab keine Angst!

Langsam, unsicher, rührend kommt Momo aus ihrer Höhle.
Da steht sie nun in ihrer viel zu großen Männerjacke, ihrem bunten Flickenrock, ihrem Strubbelkopf und mit Augen, groß und tief und geheimnisvoll.

GIGI: Du bist also Momo?

Die Gesichter der Leute werden freundlicher und freundlicher.

9. Amphitheater — Außen/Tag

Ein anderer Tag. Vor MOMOS Höhle sind die ganzen Leute aus der Vorstadt zusammengekommen, mit praktischen Geschenken. Es herrscht geschäftiges Treiben. Unter vielen Kindern CARLO und seine 6 Freunde. MOMOS Höhle wird eingerichtet.

NINO, einen Schraubenzieher in der Hand, bastelt ein Bett zusammen. Jemand hat einen alten Kanonenofen mitgebracht. Einer der alten Männer hämmert an einem Stuhl, ein anderer Stuhl steht schon fertig daneben. Die Kinder haben eine Wassereimerkette gebildet, um NICOLA das nötige Wasser für seine Maurerarbeit zu bringen. Ein einziger Eimer wandert. Das Ganze ist eher ein Spiel.

Aus der Höhle hört man NICOLA rumoren. FUSI hat einen uralten, ausgedienten Friseurstuhl mitgebracht, den er jetzt ölt. Er dreht ihn fachmännisch. GIGI hockt oben, auf der Bühne des Amphitheaters, alles überschauend, und versucht seiner Gitarre Töne zu entlocken. Ein schwungvolles, aber nicht sehr professionelles Geklimpere entsteht und vermischt sich mit dem Lärmen und Lachen und Geschrei der Übrigen zu einer fröhlichen Kakophonie. MOMO sitzt bei BEPPO und hört ihm zu. Er erzählt mühsam.

BEPPO: Am Mittag, wenn alles in der Hitze schläft, dann wird die Welt durchsichtig – wie ein Fluß, verstehst du. Man kann auf den Grund sehen.

MOMO schaut ihn groß an. Nach einer Pause fährt er fort.

BEPPO: Heute war ich an der alten Stadtmauer, zum Kehren. Da sind fünf Steine von einer anderen Farbe in der Mauer. So – verstehst du?

Er zeichnet mit seinem Finger in den Staub ein großes ›T‹ und betrachtet es mit schrägem Kopf.

BEPPO: Das waren solche andere Zeiten damals, als die Mauer gebaut

> wurde. Viele haben da gearbeitet, aber zwei waren dabei, die haben die Steine dort hineingemauert, und das waren wir zwei! Wir haben anders ausgeschaut, damals, aber das waren wir – es war ein Zeichen, verstehst du? – ich hab uns wiedererkannt.

NICOLA kommt bekleckert aus der Höhle, sieht MOMO bei BEPPO sitzen und hört die letzten Worte. Er greift sich an die Stirn und zeigt einen Vogel. Er will sagen, bei BEPPO tickt's nicht richtig.

MOMO schaut ihn ernst an, legt dann ganz sacht ihren Kopf an BEPPOS Schulter – eine kleine zärtliche Geste, die ausdrückt: ich mag den Alten.

NICOLA: *(verlegen)* Jaja, ist ja schon gut.

In seiner Verlegenheit fällt sein Blick auf GIGI, der recht geschickt, eine wirkliche Harmonienfolge zustande bringt.

NICOLA: He, du! Könntest ruhig auch etwas tun!

GIGI ist ganz konzentriert auf sein Spiel, winkt mit einer typischen Geste ab.

GIGI: Ah, laß mich ...
NICOLA: Jetzt brauch ich erstmal 'nen Schluck. Der Herd ist fast fertig, noch das Rohr in die Mauer, und du kannst kochen.

NICOLA nimmt einen Schluck aus der Pulle und prostet NINO stumm zu.

NINO: Den möcht ich nicht sehen, den Herd, der ist bestimmt krumm und schief *(lacht hämisch).* Paß nur auf, da rutschen dir bestimmt die Töpfe runter!

NICOLA: *(geht wütend auf Nino zu)* Fängst du schon wieder an. Du Zwerg, du Weinpanscher... Du Lügner und Betrüger!!

NINO: *(weicht erschrocken zurück und kräht)* Du glaubst, weil du stärker bist als ich, kannst du dir alles erlauben... *(zu Momo)* Der wollte mich umbringen, weißt du das?

Er setzt sich neben Momo auf die Stufen und funkelt Nicola böse an.

MOMO: Warum?

Sie betrachtet ihn mit großen Augen, bis Nino den Blick von Nicola wendet, erst Momo anschaut und dann verlegen auf den Boden blickt.

NINO: Weiß nicht ... ich weiß nicht warum!

Er geht bedrohlich auf Nico zu, wird von Momo's Blick aufgehalten und setzt sich auf ihre andere Seite.

NICOLA: Wenn er so weitermacht, tu ich's wirklich! Denk doch mal, der weigert sich, mir auch nur ein einziges Glas Wein auszuschenken, obwohl ich immer bezahlt habe.

MOMO: Warum?

Nicola kann Momo's Blick auch nicht standhalten und verhält sich genauso wie Nino.

NICOLA: Weiß ich nicht, ich weiß nicht, warum!

So sitzen sie eine Weile, keiner redet ein Wort, Momo blickt abwechselnd von einem zum anderen ... die beiden Streithammel entspannen sich. Da kommt Onkel Ettore mit einem in Zeitungspapier gewickelten Bild in der Hand und tritt vor die Drei hin. Er wickelt das Bild aus und gibt es Momo.

ETTORE: *(beim Auswickeln)* Da ... das schenk' ich dir, soll dir Glück bringen, der hilft, wenn du was verloren hast. Und überhaupt.

Nicola und Nino starren beide das Bild an, strecken die Hände nach ihm aus und sagen gleichzeitig: Darum!

Und nun sprudelt es überlappend, aber nicht mehr wütend, sondern eher aufgeregt glücklich, weil sie nun endlich Grund für ihr Zerwürfnis gefunden haben, aus ihnen heraus:

NICOLA: Ich hab ihm mein Radio dafür gegeben.
NINO: Ja, aber nur, weil du gewußt hast, daß ein Geldschein dahintersteckt.
NICOLA: Na, glaubst du, ich tausch mein schönes Radio für einen billigen Druck?
NINO: Und woher hast du von dem Geld gewußt – und ich nicht?
NICOLA: Weil ich am Abend vorher gesehen

	hab, wie's ein Gast als Opfergabe dahintergesteckt hat.
NINO:	War's viel?
NICOLA:	Nicht mehr und nicht weniger als mein Radio wert war!
NINO:	Dann geht unser ganzer Streit also nur um den heiligen Antonius, den ich aus der Zeitung ausgeschnitten hab?
NICOLA:	Eigentlich ja!
NINO:	Und wieso hat ihn jetzt Onkel Ettore?
ETTORE:	Weil er ihn weggeschmissen hat – hat das Geld dahinter genommen und ihn weggeschmissen. Sowas, nein, wirklich! Den heiligen Antonius wegschmeißen!

Die beiden Streithähne lachen versöhnt, Onkel Ettore geht brummend.

ETTORE:	Diese jungen Leute ... keinen Respekt ... vor nix und niemand ...

Nicola und Nino wollen sich umarmen, aber Momo sitzt dazwischen. Sie stehen auf und fallen sich über Momo lachend – in die Arme. Dann nimmt Nicola Momo hoch, setzt sie auf Fusi's Drehstuhl und läßt sie kreisen. Die beiden Männer tanzen um sie herum. Alle lachen. Gigi hat während der ganzen Szene entspannt auf einer Stufe des Theaters gesessen und auf seiner Gitarre geklimpert. Das Geklimpere ordnet sich und wird zu einer angenehmen Melodie, aus der sich später Momo's Lied entwickelt. Der

Drehstuhl mit der kreisenden Momo bleibt stehen, so daß Momo's Blick auf Gigi fällt. Der schaut hoch und ihr in die Augen.

GIGI: Die Melodie ist schön, oder?

Momo lächelt, drückt beide Augen zustimmend zu. Gigi imitiert ihr Augenzudrücken, bei ihm wird das zu einer fröhlichen Clownsgrimasse.

GIGI: Jetzt fehlen mir nur noch die Worte...

Er spielt sehr schön und einfach die Melodie, die Kamera fährt langsam in eine Totale des geschäftlichen Treibens. Darüber und über dem Anfang der nächsten Szene liegt die Stimme Hora's.

HORA'S STIMME: Von nun an ging es der kleinen Momo gut. Sie hatte zu essen, sie hatte ein Dach über dem Kopf, und was das Wichtigste war, sie hatte viele gute Freunde. Aber auch für die Leute stellte sich schon bald heraus, daß sie großes Glück gehabt hatten: Sie brauchten Momo, und so kam es, daß sie sehr viel Besuch hatte, und wer sie brauchte und nicht kommen konnte, schickte nach ihr, um sie zu holen; und wer noch nicht gemerkt hatte, daß er sie brauchte, zu dem sagten die andern: »Geh doch zu Momo!«

10. Vorstadt – Frau Darias Zimmer
– Innen/Tag

MOMO sitzt auf einem Fußschemelchen vor einem Vogelkäfig. Ein Kanarienvogel hockt traurig auf einer Stange.

FRAU DARIA: Er singt nicht – er singt nicht mehr!

MOMO schaut den Vogel an, sie sitzt nur da und schaut ihn an. Lange.
Der Vogel fängt an zu singen.

FRAU DARIA: Na sowas, er singt schon seit einem halben Jahr nicht mehr – und du sitzt da und schaust ihn an – und da...
MOMO: Ich glaub, man muß ihm zuhören, auch wenn er nicht singt.

11. Amphitheater – Außen/Tag

Ein Gewitter zieht auf. Kündet sich an mit entfernten Blitzen und leisem Donnergrollen. Eine Schar Kinder hat sich im Theater versammelt und wartet auf Momo. Sie hocken gelangweilt herum. Einer hat einen alten Autoreifen, den er trudeln läßt, ein anderer eine alte Emailkanne, in die er hineinbläst, ein Dritter hat eine Zinnsitzbadewanne umgedreht vor sich und trommelt darauf herum.
Viel Lärm und wenig Laune.
Ein Junge kommt von den obersten Stufen heruntergelaufen.

CARLO:	Was ist, kommt sie?
MATTEO:	Nein, nix zu sehen. Aber 'n Gewitter kommt.
MARIA:	Ich geh heim, ich hab Angst.
PAOLO:	Und zu Hause haste keine?
MARIA:	Doch.
PAOLO:	Dann kannste genauso gut hierbleiben.
MAUREEN:	Also, ich bleib. Ich will sehen, ob sie sich über die Wanne freut. Meine Mutter sagt, sie braucht 'n Bad.
PAOLO:	Hört doch auf mit dem Krach! Also kommt, los. Wir spielen eben ohne Momo.
MATTEO:	Was denn?
PAOLO:	Weiß nicht – Irgendwas!
MATTEO:	Schiff! Wir spielen Schiff! Das ganze Theater soll 'n großes Schiff sein. Und ich bin 'n berühmter Professor und forsche.
CARLO:	Ne, das bin ich.

Er klappt seine Brille zusammen, benutzt sie als Lupe und geht gebückt durch das Theater davon. Die anderen bleiben unlustig stehen.

MAUREEN:	Das ist meine Wanne. Hör auf zu trommeln!
PAOLO:	Warum?
MAUREEN:	Ich brauch sie.

PAOLO hört widerstrebend auf. Maria dreht die Wanne um und setzt sich hinein.

PAOLO:	Was soll 'n das?
MAUREEN:	Na, ich denke wir spielen Schiff – ich sitze im Rettungsboot.
PAOLO:	Blödsinn, wir fahr'n doch noch gar nicht.
MAUREEN:	Na, dann geh ich wieder raus.

Sie tut's.

MATTEO:	*(ruft dem Dicken nach)* He du, Carlo. Wie soll'n wir denn Schiff spielen, wenn du wegrennst?
CARLO:	*(zuckt die Schultern und ›forscht‹ weiter)* Weiß ich doch nicht.
MATTEO:	Also, dann sag ich mal, na ja, alle Mann an Bord.
MARIA:	Wo ist denn Bord?
MATTEO:	Ach, Mann, seid ihr fad. Also, los doch! Ach, fad!
MARIA:	Wo nur Momo bleibt.

In diesem Augenblick erscheint oben auf dem Theaterrund Momo. Sie schaut zu den Kindern hinab. Hinter ihr türmen sich die schwarzen Wolken des Gewitters. Ihre Kleider und ihre Haare flattern im Wind. Im folgenden werden die Realität des Spielens und die Fiktion des Spiels hart aneinandergeschnitten. Wichtig ist, daß sich die Kindergesichter nicht verändern. In der Fiktion erleben wir die Fantasie der spielenden Kinder, das heißt: für Augenblicke werden die Gegenstände, mit denen sie spielen, zu Objekten, die sie aus der Erwachsenenwelt kennen, nur fantastischer, grotesker – *und immer nur im Detail.*

Mitten im Zentrum des Theaters entsteht plötzlich eine Art Windhose, ein Wirbel aus Staub, der einen langen Strumpf bildet und sich in rasender Geschwindigkeit um sich selber dreht.

Im Geäst einer Pinie hockt ein Junge, der Baum schwankt im Wind hin und her. Der Junge schaut nach vorne, er blickt aufgeregt nach unten, hebt eine Hand – mit der anderen muß er sich festhalten – zum Mund empor und brüllt

MAAT (FRANCO): Alarm, Alarm, Wirbelsturm am Horizont!

Der Wirbelsturm kreist, alle Kinder stürmen die Stufen des Amphitheaters hoch und erklettern die Bühne des Theaters, auf der eine Art Triumphsäule steht und Bug und Heck einer römischen Galeere in Stein nachgebildet sind. Alle klammern sich an Steinen fest. Der Professor hat die Papphülse einer Haushaltspapierrolle und sieht wie durch ein Fernrohr durch sie hindurch. Neben ihm setzt der Kapitän eine alte verbeulte Emailkanne an den Mund und brüllt

KAPITÄN (MATTEO): Halbe Kraft voraus, alle Segel runter!

An der Stelle, an der grade noch die Triumphsäule stand, steht jetzt plötzlich ein Mast eines Segelschiffes. Die Segel fallen, der Mastkorb wird sichtbar. Der Maat hockt im Korb und gestikuliert aufgeregt nach unten, wir können wegen des Sturmes nicht hören, was er ruft.

KAPITÄN (MATTEO): Volle Kraft voraus!

Wir sehen das Detail einer Kommandobrücke eines Schiffes. Die Maschinenanzeige wird von Kinderhand umgelegt. Die Zeiger drehen sich auf volle Kraft, dazu das entsprechende Klingelgeräusch.

MOMO sitzt im Gras, sie hat sich aus Margeriten einen Kranz gemacht und setzt ihn sich aufs Haar.
Ein Gewitter ist aufgezogen. Es wetterleuchtet.
Der Professor hat statt seiner Papphülse plötzlich ein langes Fernrohr in der Hand.

PROFESSOR (CARLO): *(begeistert):* Ein Schum-Schum-Gummilastikum.

Durch das Fernrohr sehen wir das Kreiselwesen.

PROFESSOR (CARLO): Wir sind im Zentrum.
KAPITÄN (MATTEO): *(durch ein wirkliches Megaphon):* Kontrafikationskanone bereit zum Feuern.

Noch immer fällt kein Tropfen, aber der Himmel ist jetzt stark überzogen, und fahle Blitze zucken am Horizont. Zwei Matrosen rollen einen ca. 1 Meter langen Baumstamm und legen ihn über einen Stein, so daß der Stamm wie ein Kanonenrohr aufragt.

PROFESSOR (CARLO): Es ist ein Jammer, das einzige Exemplar eines Schum-Schum-Gummilastikums zu beschießen.

Er schwenkt aufgeregt mit einer Papphülse als Fernrohr.

KAPITÄN (MATTEO): Mann, wir sind im Zentrum eines Taifuns.
SARA: Lassen Sie den Professor doch erst einmal forschen.
MAUREEN: Dieses Kreiselwesen muß über eine Milliarde Jahre alt sein.
SARA: Kommt sonst nur noch als mikroskopisch kleine Abart in Tomatensoße vor.

MAUREEN: Manchmal, ganz selten, in grüner Tinte!

Der Professor nickt, hebt seine Papphülse und starrt verzückt auf das Kreiselwesen. Durch das Fernrohr sehen wir den Kreisel ganz nah.

KAPITÄN (MATTEO): Ist Ihnen Ihr Leben keinen Pfifferling wert?
KAPITÄN (MATTEO): Gebt Feuer!

Hinter dem Holzstamm halten sich *zwei Matrosen* die Ohren zu und markieren gleichzeitig das Kanonengeräusch. Gleichzeitig ein starker Blitz und ein dicht darauffolgender Donnerschlag. Vor Schreck fallen die tapferen Matrosen auf den Hintern. Der Regen bricht los. Im Nu sind die Kinder durchnäßt. Aber sie scheinen es gar nicht zu merken und spielen seelenruhig weiter.

STEUERMANN (PAOLO): Das Ding zeigt keine Wirkung.
KAPITÄN (MATTEO): Wir müssen näher ran!
STEUERMANN (PAOLO): Unmöglich.

Ein Matrose kommt hereingestürzt.

MATROSE (FRANCO): Wir sinken, wir sinken.
KAPITÄN (MATTEO): Alle Mann in die Rettungsboote!

In strömendem Regen stürzen alle Kinder hinunter in das Amphitheater, wo die Badewanne noch immer herumliegt. MOMO und so viele Kinder, daß sie gar keinen Platz haben, klettern in die Badewanne. Die kippt um, alle purzeln heraus, sie lachen und planschen im strömenden Regen, machen Schwimmübungen auf dem Boden, fallen übereinander, kurz: ein großes, dreckiges Vergnügen.

KAPITÄN: *(schreit den Professor an)* Wir sind verloren! Wissen Sie keinen Rat, Professor?

Der zuckt nur mit den Achseln. In diesem Augenblick tritt Momo ins Bild und zupft den Professor am Ärmel.

MOMO: Malumba! – Malumba oisitu sono. Erweini samba insaitu lollobindra. Dramona roi beni beni sadogan!
PROFESSOR (CARLO): *(erstaunt)* Babau? – Ditti maha feinussi, intu gedoinen malumba?
MOMO: *(nickt eifrig)* Dodo um aufu schulamat babada!

Der Professor streicht sich gedankenvoll das Kinn. Die Matrosen und der Kapitän umringen die beiden.

STEUERMANN (PAOLO): Was sagt sie?
PROFESSOR (CARLO): Sie sagt, es gäbe in ihrem Volk ein uraltes Lied, das den wandernden Taifun zum Einschlafen bringt, falls jemand den Mut hat, es ihm vorzusingen.
KAPITÄN (MATTEO): Quatsch! Ein Schlafliedchen für einen Orkan!
PROFESSOR (CARLO): Man darf keine Vorurteile haben!
KAPITÄN (MATTEO): Schaden kann's nicht. Sagen Sie, sie soll singen.
PROFESSOR (CARLO): Malumba didi oisafal – huna, babadu?

Momo beginnt zu tanzen und das Lied zu singen. Noch immer kommt der Regen in Strömen vom Himmel. Momo löst sich von den Kindern und tanzt die Stufen hinunter auf den Grund des Amphitheaters. Ihr Lied besteht nur aus wenigen Tönen, die immerfort wiederkehren.

MOMO: *(singt):* Eni meni allubeni! Wanna tai sussura teni!

Momo tanzt alleine am Grunde des Amphitheaters. In diesem Augenblick hört der Regen auf, die Sonne bricht durch die Wolken, und jauchzend wirft Momo die Arme in die Luft, jubelnd rennen die Kinder mitsingend und tanzend ins Bild.

Schnitt
Auf dem steinernen Rand des Theaters erscheinen zwei Graue Herren mit Regenschirmen, die sie schützend über ihre Zigarren halten. Sie stecken ihre Köpfe zusammen und tuscheln.
Momo schaut zu ihnen hoch, zieht ihre Männerjacke wieder an, steht und friert.
Die Grauen Herren schauen stumm, dann machen sie sich Zeichen und verschwinden.

MOMO: Mir ist auf einmal so kalt.
SARA: Ach, es hat ja wirklich geregnet. Ich bin patschnaß.

12. Momos Höhle — Innen/Tag

Die Höhle ist ganz gemütlich geworden. Auf einem aus Kisten gefertigten Regal stehen Töpfe und bunt zusammengewürfeltes Geschirr. Ein Bett, sauber gemacht, der heilige Antonius an der Wand und ganz prominent Fusi's Friseurstuhl. Im Herd ist Feuer, ein Topf mit Spaghetti steht drauf und brodelt. Beppo und Momo sind alleine. Momo fischt eine einzelne Nudel aus dem Topf und hält sie Beppo vor die Nase.

MOMO: Da, probier mal, ich glaub', so müssen sie sein.

Ihr Blick fällt auf ein in Zeitungspapier gewickeltes Päckchen, das Beppo verlegen in der Hand hält.

MOMO: Was ist das?
BEPPO: Für dich – hab ich gefunden, auf dem Müll.

Er wickelt es aus. Eine Schiefertafel, etwas angeknackst, aber noch brauchbar, kommt zum Vorschein. Aus seiner Hosentasche kramt er ein Stück Kreide und schreibt langsam und bedächtig FÜR MOMO auf die Tafel und gibt sie ihr. Sie ist dabei, die Spaghetti zu servieren.

BEPPO: Lies!
MOMO: Wie?
BEPPO: Mhmhm. Lesen mußt du lernen und schreiben mußt du lernen.
MOMO: Schwer – es gibt so viele Wörter.
BEPPO: Siehst du, Momo – es ist so, manchmal hat man eine sehr lange Straße vor sich. Man denkt, die ist so schrecklich lang, die kann man niemals schaffen, denkt man.

Er fängt an, seine Spaghetti mit Butter und Käse zu essen, Momo ißt auch, hört aber aufmerksam zu. Beppo hat geschluckt, schaut eine Weile vor sich hin, schaut Momo an, spricht weiter:

BEPPO: Und dann fängt man an, sich zu eilen. Und man eilt sich immer mehr. Jedesmal, wenn man aufblickt, sieht man, daß es ja gar nicht weniger wird, was noch vor einem liegt. Und man strengt sich noch mehr an, man kriegt es mit der Angst, und zum Schluß ist man ganz aus der Puste und kann nicht mehr.

Wieder wird schweigend und bedächtig gegessen.

BEPPO: Man darf nie an die ganze Straße auf einmal denken, verstehst du? Man muß nur an den nächsten Schritt denken, an den nächsten Atemzug, an den nächsten Besenstrich. Und immer nur an den nächsten. Dann macht es Freude. Das ist wichtig, dann macht man seine Sache gut. Und so soll es sein. Auf einmal merkt man, daß man Schritt für Schritt die ganze Straße gemacht hat. Man hat gar nicht gemerkt, wie und man ist nicht aus der Puste.

BEPPO nickt vor sich hin und sagt abschließend: Das ist wichtig.
Sie sind fertig mit dem Essen. Momo schiebt ihren Teller weg, nimmt die Tafel, legt ihren Finger auf den ersten Buchstaben, dann auf den zweiten, dritten und so fort. BEPPO liest dazu sehr langsam: F-Ü-R-M-O-M-O.

13. Amphitheater – Außen/Abend

Gigi und Momo sitzen auf den Stufen, die Sonne ist am Untergehen, ein warmer, südlicher Abend. Momo hat die Schiefertafel auf den Knien, die sie Gigi zur Beurteilung hinhält.

GIGI: Alles richtig geschrieben! Du hast viel gelernt in diesem einen Jahr.
MOMO: Spielst du noch unser Lied?
GIGI: *(nimmt die Gitarre und singt)* Laß uns auf den letzten Sonnenstrahlen
Hinauf zu dieser Abendwolke geh'n.
Wir wollen uns an den Händen halten
Und nur nach oben, nicht nach unten seh'n.
Du bist Prinzessin und dein Prinz bin ich.
Schön bist du – wundersam – und
Ich liebe dich.
Wir trafen uns schon vor langer Zeit
Wir kannten uns in der Ewigkeit.
Vor tausend und nochmal tausend Jahren
Sind wir zusammen durchs Weltall gefahren.
Du bist Prinzessin...

Während Gigi's Lied ist die Sonne untergegangen. Der

Mond kommt als dünne Sichel ins Blickfeld. Momo hat die Augen geschlossen, man weiß nicht, ob sie schläft.
Darüber und auch über dem Anfang der nächsten Szene liegt die STIMME HORA'S.

HORA'S STIMME: Keiner von den dreien ahnte, daß schon bald ein Schatten über ihre Freundschaft fallen sollte. Ein Schatten, der wuchs und wuchs und sich schon jetzt dunkel und kalt über die große Stadt ausbreitete. Es war wie eine lautlose und unmerkliche Eroberung, die tagtäglich weiter vordrang und gegen die sich niemand wehrte, weil niemand sie so recht bemerkte. Und die Eroberer — wer waren sie?

14. Vorstadt (Fusis Laden) — Innen/Tag

Ein simpel und zweckmäßig, eher altmodisch eingerichteter Friseurladen. Drei Drehstühle, ältere Modelle. An einer Wand neben dem Meisterbrief Bilder von FUSI. Und ein paar Heiligenbilder. In einer Ecke brennt eine Ewige Lampe. An der Frontseite prangt groß ein Bild König Umbertos.
Im Hintergrund des Ladens befindet sich ein kleines Kabuff, halb von einem Vorhang verdeckt. Dort bewahrt Herr Fusi seine Utensilien auf, außerdem steht dort ein kleiner Kocher, auf dem für die alte Mutter eine Suppe brodelt.
Der Lehrjunge LEO steht gelangweilt am Vorhang und wirft ab und zu einen Blick auf die Suppe.

Fusi öffnet die Tür seines Ladens und wedelt dabei den Suppengeruch vor seiner Nase weg. Man hört ein sehr aufdringliches Klopfen, Leo und Fusi blicken zur Decke.

LEO:	Soll ich sie rauftragen? Ich glaub, die Suppe ist fertig, Herr Fusi!
FUSI:	Nein, laß, das mach ich selber. Du weißt, sie mag keine fremden Gesichter – du kannst die Blume holen.
LEO:	Welche Farbe?
FUSI:	Was hatten wir gestern?
LEO:	Rot.
FUSI:	Dann nimm heute gelb.

Er gibt Leo Geld und schaut ihm nach, wie er die Straße hinuntertrödelt. Dann begibt er sich seufzend nach hinten zum Suppentopf. Der Stock der Mutter fordert wieder penetrant ihr Essen.

Ein graues Auto ist vor der Ladentür vorgefahren, ein Grauer Herr mit rundem, steifem Hut, Aktentasche, Zigarre, steigt aus, geht auf Fusi's Ladentür zu und bleibt im Türrahmen stehen.

Fusi ist noch immer in seinem Kabuff und hantiert mit dem Topf. Er brabbelt dabei unverständlich vor sich hin.

Der Graue Herr hängt im leeren Laden seinen grauen Hut an den Kleiderhaken, entnimmt seiner Aktentasche ein graues Notizbuch, blättert darin und pafft dabei unentwegt an seiner Zigarre.

Fusi erscheint hinter dem Vorhang, den dampfenden Suppentopf in der Hand. Verwirrt schaut er auf den lautlos hereingekommenen neuen Kunden, der glatzköpfig dasteht.

Ein Schauder überkommt ihn, der Topf, der vorher dampfte, scheint jetzt plötzlich kalt zu sein.

FUSI: *(verwirrt)* Entschuldigen Sie, es ist auf einmal richtig kalt geworden.

Er schließt umständlich die Tür.

FUSI: Was wünschen der Herr? Womit kann ich dienen? Rasieren oder Haareschneiden?

Er wirft einen Blick auf die spiegelblanke Glatze.

FUSI: Oh, entschuldigen Sie. Der Herr tragen ja glatt.
Einen kleinen Augenblick, ich bin sofort wieder da. Der Herr haben doch Zeit?
GRAUER HERR: Damit sind wir beim Thema, Herr Fusi. Stellen Sie den Topf ab – kümmern Sie sich nicht um Ihre alte taube Mutter, denn Zeit ist Geld, Herr Fusi.

FUSI stellt verblüfft den Topf irgendwo unpassend ab.

GRAUER HERR: Wenn ich Sie bitten darf, Platz zu nehmen.

Er zwingt Fusi quasi auf den Kundenstuhl. Er beugt sich über ihn und fängt an zu rechnen, und schreibt die Zahlen auf den Spiegel. Fusi beginnt entsetzlich zu frieren. Er zieht sich während der Rechnung nacheinander alles an, was er in seiner beengten Lage erwischen kann, Handtücher, Frisierumhänge, Kleenex-Tücher und bedeckt und vermummt sich damit.

GRAUER HERR: *(seltsam tonlos)* Ich komme von der Zeitsparkasse. Ich bin Agent

	Nr. XYQ/384/b. Wir wissen, daß Sie ein Sparkonto bei uns eröffnen wollen.
FUSI:	*(erstaunt)* Wieso? Ich...
AGENT:	Herr Fusi, Sie vergeuden Ihre Zeit auf ganz verantwortungslose Weise. Ich will es Ihnen durch eine kleine Rechnung beweisen.

Der Agent zieht zufrieden an seiner Zigarre.

AGENT:	Eine Minute hat sechzig Sekunden. Und eine Stunde hat sechzig Minuten. Können Sie mir folgen?
FUSI:	Gewiß.
AGENT	60 mal 60 ist 3600. Also hat eine Stunde 3600 Sekunden. Ein Tag hat vierundzwanzig Stunden. Ein Jahr 365 Tage. Das macht mithin 31.536.000 Sekunden pro Jahr.

Fusi schluckt und fährt sich mit der Hand über die Stirn. Der Agent nickt und zieht wieder an seiner kleinen grauen Zigarre.

AGENT:	Wie alt sind Sie, Herr Fusi?
FUSI:	*(stammelt):* 42.
AGENT:	Das macht 1.324.512.000 Sekunden.

Er schreibt die Zahl auf den Spiegel.

AGENT:	Eine eindrucksvolle Zahl, nicht? Wie lange schlafen Sie durchschnittlich pro Nacht?
FUSI:	Acht Stunden etwa.

Der Agent rechnet blitzschnell, der Stift kreischt über das Spiegelglas, Fusi krümmt sich zusammen.

AGENT: 42 Jahre, täglich 8 Stunden – das macht also bereits 441.504.000 Sekunden, die wir mit gutem Recht als verloren betrachten können. Wieviel Zeit müssen Sie täglich der Arbeit opfern, Herr Fusi?

FUSI: *(kleinlaut)* Auch 8 Stunden, so ungefähr.

AGENT: *(unerbittlich)* Dann müssen wir also noch einmal die gleiche Summe auf das Minuskonto verbuchen. Wieviel Zeit benötigen Sie für alle Mahlzeiten des Tages?

FUSI: *(ängstlich)* Ich weiß nicht genau, vielleicht zwei Stunden?

AGENT: Das ergibt in 42 Jahren den Betrag von 110.376.000 Sekunden.
Sie leben allein mit Ihrer alten Mutter?
Täglich widmen Sie der alten Frau eine volle Stunde, das heißt, Sie sitzen mit ihr und sprechen mit ihr, obgleich sie taub ist und kaum noch hört: macht 55.188.000 Sekunden hinausgeworfene Zeit!

FUSI: *(flehend)* Aber ...

AGENT: Unterbrechen Sie mich nicht, Sie müssen einkaufen, Schuhe putzen, etcetera etcetera. Wieviel Zeit kostet Sie das täglich?

FUSI:	Vielleicht eine Stunde, aber ...
AGENT:	Macht weitere 55.188.000 Sekunden, Herr Fusi. Wir wissen ferner, daß Sie einmal wöchentlich ins Kino gehen, einmal wöchentlich in einem Gesangsverein mitwirken, einen Stammtisch haben, den Sie zweimal in der Woche besuchen und sich an den übrigen Tagen abends mit Freunden treffen oder manchmal sogar ein Buch lesen. Kurz, Sie schlagen Ihre Zeit mit nutzlosen Dingen tot, und zwar etwa 3 Stunden täglich, das macht 165.564.000. – Ist Ihnen nicht gut, Herr Fusi?
FUSI:	Nein, entschuldigen Sie bitte...
AGENT:	Wir sind gleich zu Ende. Aber wir müssen noch auf ein besonderes Kapitel Ihres Lebens zu sprechen kommen. Sie haben da nämlich dieses kleine Geheimnis. Sie wissen schon.
FUSI:	*(kraftlos)* Das wissen Sie auch? Ich dachte, außer mir und Frau Daria...
AGENT:	Wollen Sie Fräulein Daria heiraten?
FUSI:	Nein, das geht doch nicht.
AGENT:	Trotzdem besuchen Sie sie täglich eine halbe Stunde, um ihr eine Blume zu bringen. Wozu?

FUSI: *(den Tränen nahe)* Sie freut sich doch immer so.

AGENT: Aber nüchtern betrachtet ist das für Sie, Herr Fusi, verlorene Zeit. Und zwar insgesamt bereits 27.594.000 Sekunden. Und wenn wir nun dazurechnen, daß Sie die Gewohnheit haben, jeden Abend vor dem Schlafengehen eine halbe Stunde am Fenster zu sitzen und über den vergangenen Tag nachzudenken, dann bekommen wir nochmals eine abzuschreibende Summe von 27.594.000, macht zusammen 1.324.512.000 Sekunden.

Auf dem Spiegel steht nun folgende Rechnung:

Lebenszeit		1.324.512.000 Sekunden
Schlaf	441.504.000 Sekunden	
Arbeit	441.504.000 Sekunden	
Nahrung	110.376.000 Sekunden	
Mutter	55.188.000 Sekunden	
Einkauf usw.	55.188.000 Sekunden	
Freunde, Singen usw.	165.564.000 Sekunden	
Geheimnis	27.594.000 Sekunden	
Fenster	27.594.000 Sekunden	1.324.512.000 Sekunden

Fusi sitzt eingemummt in seine Tücher, schaut erschrocken, bringt kein Wort hervor, trotz der eisigen Kälte bricht ihm der Schweiß aus. Der Graue Herr nickt ernst.

| AGENT: | Aber nun wollen wir einmal sehen, was Ihnen von Ihren 42 Jahren eigentlich geblieben ist. |

Er macht einen Strich unter die beiden rechts außen stehenden Zahlen, ein Minuszeichen vor den unteren Betrag und subtrahiert. Dann steckt er seinen Stift ein, macht eine längere Pause, um den Anblick der vielen Nullen, die unterm Strich stehen, auf Herrn Fusi wirken zu lassen.

AGENT:	Das also ist die Bilanz Ihres ganzen bisherigen Lebens, Herr Fusi. Wollen Sie nicht lieber zu sparen anfangen?
FUSI:	*(zerstört)* Und ob ich will! Was muß ich tun?
AGENT:	*(zieht die Augenbrauen hoch):* Aber mein Bester, Sie werden doch wissen, wie man Zeit spart.
FUSI:	Und die Zeit, die mir übrigbleibt – muß ich sie abliefern? Und wo? Oder ...

Der Agent lächelt dünn.

| AGENT: | Darüber machen Sie sich nur keine Sorgen. Das überlassen Sie ruhig uns. Sie können sicher sein, daß uns von Ihrer eingesparten Zeit nicht das kleinste bißchen verlorengeht. |

Fusi schaut verdattert in den Spiegel, *die Zahlen auf dem Spiegel verblassen merklich,* vom Grauen Herrn ist plötzlich nichts mehr zu sehen. Leo betritt den Laden mit einer großen Sonnenblume in der Hand und sieht mit Schrecken auf Fusi, der halb ohnmächtig im Sessel hängt.

LEO: Herr Fusi, Herr Fusi, ist Ihnen nicht wohl?

Fusi dreht sich langsam um, er ist völlig verstört. Er blickt auf den Spiegel, die Zahlen sind verschwunden.

FUSI: *(wie in Trance):* Was? Was ist denn?

Fusi bemerkt seine Vermummung und reißt sie sich nacheinander vom Leib.

FUSI: Was soll denn das? Wieso hab ich denn ...? War jemand hier?
LEO: Nein, niemand – ich hab niemand gesehen.
FUSI: *(faßt sich):* Wo warst du denn so lange? Hopp, hopp, hopp, Zeit ist Geld. Wir haben keine Zeit, Zeit zu vertrödeln.

LEO hält ihm die Blume hin.

LEO: Sie hatten keine gelbe im Laden. Da bin ich eine suchen gegangen – ist doch schön, oder?
FUSI: *(gereizt)* Schmeiß sie weg!
LEO: *(verblüfft)* Was?
FUSI: Schmeiß sie weg!

Er nimmt den Suppentopf.

FUSI: Da, trag das nach oben.

Leo, der immer noch die Blume in der Hand hat, nimmt den Topf.

LEO: Ist ja ganz kalt, warum denn wegschmeißen? Sie will doch nur Sie sehen – warum denn ich ...?

FUSI: Los, los, los, nun mach schon, frag nicht soviel!

Er reißt ihm die Blume aus der Hand und wirft sie brutal in einen Abfalleimer.

FUSI: Los, los, los, ein bißchen Trab. Zeit ist Geld – Zeit ist Geld. Wir haben schon zuviel vertrödelt.

Während Fusi Leo durch die Gegend scheucht, blendet die STIMME HORA'S aus dem Zug ein.

HORA'S STIMME: Fusi war nicht der einzige, der die Bekanntschaft eines dieser merkwürdigen Grauen Herren machte. Sie streiften immer zahlreicher in der großen Stadt umher und schienen unermüdlich beschäftigt – sie hatten Pläne mit der Zeit der Menschen. Es waren weitgesteckte und sorgfältig vorbereitete Pläne ...

15. Vorstadt (vor Ninos Kneipe) – Außen/Tag

An der Tür zu Ninos Kneipe hängt ein Schild: HEUTE RUHETAG. Die Tür öffnet sich und ein Grauer Herr erscheint. Er schließt hinter sich die Tür, nimmt das Ruhetagsschild weg und ersetzt es durch ein anderes, das er aus seiner Aktenmappe nimmt.
Auf ihm steht: TÄGLICH GEÖFFNET.

Darüber HORA'S STIMME:	Täglich wurden es mehr Menschen, die anfingen das zu tun, was sie Zeitsparen nannten. Und je mehr es wurden, desto mehr folgten nach. Denn auch denen, die eigentlich nicht wollten, blieb gar nichts anderes übrig, als mitzumachen...

16. Vorstadt (Straße vor Nicolas Haus) – Außen/Tag

Nicola kommt aus seiner Haustür, eine Tasche unter dem Arm, aus der der obere Teil einer Thermosflasche ragt. Fröhlich pfeifend geht er die Straße entlang. Eine graue Limousine fährt ins Bild und verdeckt Nicola, im Schrittempo neben ihm herfahrend. Nach einigen Sekunden beschleunigt der Wagen, Nicola ist verschwunden, die Kamera schwenkt dem bereits aus dem Bild gefahrenen Wagen hinterher, die Straße ist menschenleer, das Ganze wirkt fast wie eine Entführung. Darüber HORA'S STIMME:

| STIMME HORA: | So verändert sich nach und nach das Leben in der großen Stadt, jede Sekunde wurde organisiert, jeder Augenblick berechnet. Eine Wüste der Ordnung, schnurgerade, bis zum Horizont. |

17. Amphitheater – Außen/Nacht

GIGI, BEPPO, MOMO sitzen auf der Bühne des Theaters an einem provisorisch errichteten Tisch – eine Platte ist über Steine gelegt, darauf ein weißes Papiertischtuch ausgebreitet –, ein paar Brötchen liegen noch rum, Pappteller und Becher, Windlichtchen brennen, zwei, drei Lampions, ein paar bunte Papiergirlanden – ›Kindergeburtstag‹.
Alle drei haben besorgte Gesichter.

GIGI:	Wenn's Fusi allein wäre, würd' ich denken, der Mann ist'n bißchen verrückt geworden. Aber wo man hinschaut, gibt es schon solche Leute. Und es werden immer mehr. Ich frag' mich wirklich, ob's Verrücktheit gibt, die ansteckend ist.
BEPPO:	*(nickt)* Bestimmt. Es muß eine Art Ansteckung sein. *(Pause).* Die Zeit, die sie nicht haben, frißt sie auf!
MOMO:	Aber dann müssen wir unseren Freunden doch helfen?!

Der Satz steht im Raum – die Windlichtchen flackern und werfen merkwürdige Schatten auf den Tisch.

18. Vorstadt vor Nicolas Haus

In einer engen Hofeinfahrt führen zwei schmale Außentreppen zu den Wohnungen hoch. Auf einer Treppe sitzt MOMO und wartet. Eine alte Frau kommt mit einem Einkaufskorb und ein paar Plastiktüten in der Hand und geht die gegenüberliegende Treppe hinauf. Auf MOMOS Höhe bleibt sie stehen.

ALTE FRAU:	Was machst du hier?
MOMO:	Ich warte.
ALTE FRAU:	Auf wen?
MOMO:	Auf Nicola.

Die alte Frau schüttelt mißbilligend den Kopf.

ALTE FRAU: Da kannst du lange warten – auf den. Mit dem ist nicht mehr gut Kirschen essen! Säuft sich noch zu Tode, der!

Damit ist sie in ihre Wohnung getreten und hat mit großem Krach die Wohnungstür ins Schloß fallen lassen.

19. Vorstadt (vor Ninos Kneipe) – Außen/Abend

Die drei alten Männer und Onkel Ettore tappeln eifrig zur Futterkrippe. Ein armseliger, klappriger, aber fröhlicher Haufen. Im Türrahmen steht Nino und versperrt den Eingang.

NINO:	Könnt gleich wieder umkehren, alles besetzt.

Die vier stehen verblüfft vor ihm.

NINO:	Alles – und morgen auch und übermorgen auch. Jeden Tag, alles besetzt.
ETTORE:	*(linst ins Lokal):* Ist doch gar keiner da.
NINO	*(böse):* Geht euch gar nichts an – für euch ist mein Lokal besetzt. Ihr vertreibt mir nur die Gäste – von dem billigen Glas Rotwein, das ihr trinkt, kann ich die Pacht nicht bezahlen –, also verschwindet!

Ettore und seine Kumpane sind so verwirrt, daß sie ohne ein Wort des Widerspruchs, nur mit dem Kopf schüttelnd, abdrehen.

20. Vorstadt (vor Nicolas Haus) – Innen/Nacht

Es ist inzwischen Nacht geworden. Die Treppe wird von einer schwachen Birne erhellt. MOMO sitzt immer noch an derselben Stelle auf der Treppe, neben ihr der betrunkene NICOLA, eine Bierflasche in der Hand.

NICOLA:	Ja, ich hätte dich längst mal besuchen wollen, aber ich habe einfach keine Zeit mehr für solche... Privatsachen.

Er trinkt die Flasche leer und wirft sie über das Geländer in den Hof, sie zerplatzt mit lautem Knall. Sofort wird die Wohnungstür auf der anderen Seite des Innenhofes aufgerissen, und die alte Frau steckt den Kopf heraus.

ALTE FRAU: Ruhe!

Sie knipst einen Schalter neben ihrer Türe aus, das ganze Licht im Hof erlischt. NICOLA erhebt sich schwer und knipst das Licht neben seiner Wohnungstür wieder an. Er zieht eine neue Flasche aus seiner Jackentasche und läßt sich wieder schwer auf die Treppe neben MOMO fallen.

NICOLA: Rums, zack und schnell! Das geht wie der Teufel – jeden Tag hauen wir ein neues Stockwerk drauf, alles organisiert. Seelensilos, weißt du.
(fast weinend) Ich bin ein ehrlicher Maurer, ein ehrlicher Maurer bin ich und war immer stolz auf meine Arbeit.
Viel zuviel Sand im Mörtel, verstehst du – hält vier, fünf Jahre und fällt um, wenn einer hustet. Na ja, ich krieg mein Geld – was geht's mich an –, wenn ich genug hab, häng ich den ganzen Beruf an den Nagel und mach was anderes.

MOMO hat still zugehört.

NICOLA: Ich komm morgen und erzähl dir alles, oder übermorgen – ja, das mach ich.

21. Vorstadt (vor Frau Darias Haus) – Außen/Tag

Fusi geht mit einer in Seidenpapier eingewickelten Blume auf das Haus zu. Er schaut sich dabei um, als ob er sich schäme. Er wirkt hastig und fahrig.

22. Bild. Vorstadt (Frau Darias Zimmer) – Innen/Tag

Frau Daria sitzt in ihrem Rollstuhl, vor ihr auf dem Fußschemel Fusi, die Blume steht in einer Vase auf dem Tisch.

FUSI: Das Kind war bei mir, Momo. Ich hab erzählt und erzählt, wie ein Wasserfall, und auf einmal, ich weiß auch nicht – diese ganze Hetze, das viele Geld, die viele Arbeit, alles wie ein Knoten in meiner Brust, ein dicker Knoten. Aber dieses Kind schaut einen an und hört zu, und auf einmal löst er sich, der Knoten – komisch. Ich hab gedacht, wir müssen sie wieder öfter besuchen.

Frau Daria streicht ihm behutsam übers Haar.

DARIA: Färbst du dir die Haare?

23. Vorstadt (Platz vor Ninos Kneipe) – Außen/Tag

Über den Platz kommt ETTORE mit seinen Alten fröhlich auf NINOS Kneipe zugetippelt, zwischen ihnen MOMO. Es ist eine ausgelassene Gesellschaft, die beiden kräftigsten haben MOMO an den Händen und lassen sie durch die Luft fliegen.

SCHNITT
Vor der Kneipentür steht MOMO und lauscht, von drinnen hört man eine fröhliche Begrüßung. ETTORES und NINOS Stimmen sind deutlich zu vernehmen. MOMO lächelt, nickt und geht fröhlich quer über die Straße in Richtung Amphitheater. Darüber wird HORAS Stimme eingeblendet.

HORAS STIMME: Und so holte MOMO einen nach dem anderen von ihren alten Freunden zurück. Damit kam sie den Grauen Herren gründlich in die Quere, und das konnten sie nicht dulden.
Also mußten sie etwas unternehmen.

24. Momos Höhle – Innen/Tag

Auf Fusi's Stuhl sitzt, elegant ein Bein über das andere geschlagen, die Puppe BIBIGIRL. Auf den ersten Blick meint man, eine schicke, zwergenhafte Dame säße da. Sie trägt ein rotes Kleid und Riemchenschuhe. Momo kommt von draußen herein, mit einem Strauß Feldblumen in der Hand. Auf die Puppe fällt ein Sonnenstrahl, von Staub durchwirkt, wie

ein Spot auf ein besonderes Ausstellungsstück. Momo
stutzt, geht langsam auf die Puppe zu.

MOMO: Guten Tag.

Sie berührt leicht die Hand der Puppe. Diese klappert einige
Male mit den Augendeckeln und spricht mit quäkender
Stimme:

BIBIGIRL: Guten Tag, ich bin Bibigirl, die vollkommene Puppe.
MOMO: *(Momo fährt erschrocken zurück)* Guten Tag, ich heiße Momo.
BIBIGIRL: Ich gehöre dir. Alle beneiden dich um mich.
MOMO: Ja?
BIBIGIRL: Ich möchte noch mehr Sachen haben.
MOMO: Hier, nimm was dir gefällt.

Sie holt unter dem Bett eine Schachtel mit ihren ›Kostbarkeiten‹ hervor, zeigt der Puppe einen schön bemalten Stein, einen goldenen Knopf, ein Stückchen buntes Glas, eine hübsche bunte Vogelfeder.

BIBIGIRL: Guten Tag, ich bin Bibigirl, die vollkommene Puppe.
MOMO: Ja, ich weiß schon.
BIBIGIRL: Ich gehöre dir. Alle beneiden dich um mich.

Momo stellt die Schachtel mit ihren Kostbarkeiten ab.

MOMO: Ich glaube eher, dich hat hier jemand vergessen.
BIBIGIRL: Ich möchte noch mehr Sachen haben.

MOMO: Also hör mal, so kann man doch nicht spielen. Du sagst ja immer das gleiche. Nein, nein, du gehörst mir ganz bestimmt nicht.

Momo wird's zu dumm, sie nimmt die Puppe auf den Arm und trägt sie nach draußen.

25. Amphitheater – Außen/Tag

Momo setzt die Puppe auf eine Stufe.

MOMO: Ich will dich auch gar nicht haben – entschuldige bitte.

Momo dreht sich um und will in ihre Höhle zurück. Ein Grauer Herr steht vor dem Eingang und versperrt ihn. Er lächelt leise.

GRAUER HERR: Was für eine schöne Puppe du hast.

Er spricht mit eigentümlich lautloser Stimme. Momo zuckt die Schulter und schweigt. Sie zieht ihre Jacke fester um sich.

GRAUER HERR: Ich hab nicht den Eindruck, als ob du dich besonders freust, meine Kleine.

Er geht schleichend auf Momo zu, die weicht zurück, schaudert, setzt sich auf eine Stufe und verkriecht sich ganz in ihre Jacke und zieht den Rock über ihre angezogenen Füße.

GRAUER HERR: Mir scheint, du weißt überhaupt nicht, wie man mit so einer fabelhaften Puppe spielt. Soll ich es dir zeigen?

Momo blickt den Mann überrascht an und nickt. Die Puppe quäkt plötzlich.

BIBIGIRL: Ich will noch mehr Sachen haben.
GRAUER HERR: Na siehst du, Kleine. Sie sagt es dir sogar selbst. Du mußt ihr schon etwas bieten, wenn man sich nicht mit ihr langweilen soll.

Er geht auf sein Auto zu, öffnet den Kofferraum und wirft Momo alle möglichen Kleidungsstücke zu.

GRAUER HERR: Hier ist zum Beispiel ein entzückendes Abendkleid, ein seidener Schlafrock, und hier ein Tennisdress, ein Ski-Anzug und ein Badekostüm. Und ein Reiseanzug. Ein Pyjama. Ein Nachthemd. Ein anderes Kleid. Und noch eins. Und noch eins. Und noch eins. Und noch eins.

Die Kleider wirbeln durch die Luft, fallen auf Momo und die Puppe, so daß beide fast davon zugedeckt werden.

GRAUER HERR: So, damit kannst du erstmal eine Weile spielen, nicht wahr, Kleine? Du meinst, das wird nach ein paar Tagen auch langweilig? Aber dann haben wir auch noch einen Spielkameraden für deine Bibigirl.

Er holt einen im Partnerlook angezogenen Puppenjungen aus seinem Auto.

GRAUER HERR: Hier, das ist Bubiboy.
Der hat auch eine Menge Sachen zum Anziehen. Und das hier ist die Freundin von Bibigirl.

Eine weitere Puppe, nur in anderen Farben angezogen, aber sonst identisch, kommt gleich hinter den Zubehörteilen für Bubiboy aus dem Kofferraum seines Autos. Immer mehr und mehr Puppen werden von ihm um Momo gruppiert, bis ein Ausschnitt des Theaters vollständig besetzt mit Puppen und Puppenutensilien ist. Und man Momo fast nicht mehr findet, zwischen all der schrecklichen und quäkenden Gesellschaft.

Momo sitzt regungslos da.

GRAUER HERR: Und zu Bubiboy gibt's noch einen passenden Freund, und der hat wieder Freunde und Freundinnen, du siehst also, es braucht nie mehr Langeweile zu geben, denn die Sache ist endlos fortzusetzen.

Er steht da und pafft befriedigt Rauchwolken in die Luft.

GRAUER HERR: Nun, hast du jetzt begriffen, wie man mit solch einer Puppe spielen muß?

Momo zitternd vor Kälte leidend:

MOMO: Schon.
GRAUER HERR: Du siehst also, daß du deine Freunde gar nicht mehr brauchst – weil

all diese schönen Sachen ja nur dir
gehören. Du willst doch diese
fabelhafte Puppe?
Du willst sie doch unbedingt, wie?

Er bahnt sich einen Weg durch die Puppen. Sein Gang wirkt
bedrohlich, schleichend, schleimig-freundlich. Er steht groß
vor Momo, die sich vor Kälte und Abscheu ganz zusammengekrümmt hat. Momo schüttelt den Kopf.

GRAUER HERR: Ihr heutigen Kinder seid aber wirklich anspruchsvoll! Möchtest du mir denn sagen, was dieser vollkommenen Puppe denn noch fehlt?

MOMO: *(leise)* Ich glaub, man kann sie nicht liebhaben.

Die Augen des Grauen Herrn werden glasig, wie die der
Puppen.

GRAUER HERR: *(eisig)* Darauf kommt es überhaupt nicht an.

MOMO: *(leise)* Aber meine Freunde, die hab ich lieb.

Der Graue Herr wird ärgerlich, zwingt sich aber zu einer
gefährlichen, sanften Ruhe.

GRAUER HERR: Was haben deine Freunde davon? Du ruinierst ihr Vorwärtskommen, bist ein Klotz an ihrem Bein. Du schadest ihnen einfach dadurch, daß du da bist. In Wirklichkeit bist du ihr Feind! Und das nennst du also: jemanden liebhaben?

Momo schaut ihn skeptisch an.

GRAUER HERR: Wir sind die wahren Freunde deiner Freunde.
MOMO: *(mit Überwindung)* Wer, wir?
GRAUER HERR: Wir von der Zeitsparkasse. Und wir lassen nicht mit uns spaßen.

Momo's Gesicht verändert sich. Die Angst verschwindet aus ihren Zügen, dann legt sie plötzlich den Kopf in ihren Schoß und erhebt sich ganz langsam. Löst beinahe qualvoll ihre Glieder aus der Erstarrung, hebt mühsam den Kopf, öffnet ebenso mühsam ihre geschlossenen Augen und schaut den Grauen Herrn groß an. Dieser weicht vor Momo's Blick einen Schritt zurück, lächelt dann ironisch und zündet sich eine neue Zigarre am Stummel seiner alten an.

GRAUER HERR: Gib dir keine Mühe. Mit uns kannst du es nicht aufnehmen.
MOMO *(ganz klar und fest):* Hat dich denn niemand lieb?

Da krümmt sich der Graue Herr plötzlich und sackt in sich zusammen. Seine Stimme wird heiser, ›aschgrau‹, geht dann in einen Schnarrton über, der etwas von einem verrosteten Räderwerk an sich hat. Unmenschlich, roboterhaft. Die Worte überlappen sich, als würden zwei Personen aus ihm sprechen.

GRAUER HERR: Wenn es mehr von deiner Sorte gäbe, könnten wir unsere Zeitsparkasse zumachen. Wir müssen unerkannt bleiben – niemand darf wissen, daß es uns gibt und was wir tun. Wir sorgen dafür, daß nie-

> mand uns im Gedächtnis behalten kann. Mühsam, den Menschen Zeit zu entreißen – Lebenszeit, Stunden, Minuten, Sekunden abzapfen. Alle Zeit, die sie einsparen, ist für sie verloren, reißen sie an uns, speichern, brauchen sie, wir hungern danach – ach, ihr wißt nicht, was das ist, eure Zeit! Wir... wir... wir... wissen es, saugen euch aus bis auf die Knochen, immer mehr... mehr... mehr... immer mehr, denn auch wir werden immer mehr... immer mehr... immer mehr... mehr... mehr...

Seine Stimme ist fast nur noch ein Röcheln, er steht da mit stieren Augen und verstummt endgültig.
Eine Weile ist es totenstill, dann scheint er wie aus einer Betäubung zu erwachen.

GRAUER HERR *(mit seiner normalen Stimme – stammelnd):* Ha – was war das? Du hast mich ausgehorcht.

Er geht auf Momo zu, die ganz langsam, fast unmerklich, zurückweicht.

GRAUER HERR: Du hast mich ausgehorcht! Ich bin krank! Du hast mich krankgemacht, du!

Sein Gesicht ist nun ganz nah an dem Momo's. Sein Ton wechselt vom Drohen ins Flehen.

GRAUER HERR: Ich hab lauter Unsinn geredet, liebes Kind. Vergiß es! Du mußt mich vergessen, so wie alle anderen uns vergessen.

Momo weicht keinen Zentimeter mehr. Da packt er sie und schüttelt sie.

GRAUER HERR: *(weint fast):* Du mußt! Du mußt!

Momo bewegt die Lippen, aber die Worte wollen sich nicht bilden. Da weicht der Graue Herr zurück und rennt wie von Furien gehetzt auf sein Auto zu, grapscht seine Aktentasche – bewegt fordernd seinen Arm zu der Puppenschar. Und nun läuft der Film rückwärts. Alle Puppen mitsamt ihrem Zubehör fliegen in den Kofferraum zurück, der knallend zuschlägt. Dann rast das Auto davon, daß die Steine spritzen.

Momo sitzt allein auf den Stufen des Theaters. Vor ihr im dürren Gras steigt eine kleine Rauchsäule auf. Der zerdrückte Stummel der Zigarre qualmt und zerfällt langsam zu Asche.

26. Amphitheater – Außen/Abend

BEPPOS und GIGIS Gesichter sind groß und besorgt im Bild.

MOMO: Er hatte Angst vor mir. Aber ich habe auch Angst vor ihm. Und eigentlich tut er mir auch ein bißchen leid – ich weiß nicht warum.

GIGI: Natürlich hat er Angst vor dir, weil du ihn erkannt hast, während die andern sie immer gleich wieder vergessen.

Also – die Sache ist ganz einfach, wir müssen nur dafür sorgen, daß alle Menschen sie erkennen. Uns können sie überhaupt nichts anhaben, wir sind unangreifbar – denn wir, das heißt du, hast sie erkannt.

MOMO: *(skeptisch):* Und das genügt?
GIGI: Natürlich, darum ist er auch vor dir geflohen. Die zittern vor uns.
MOMO: Aber dann werden wir sie vielleicht gar nicht finden. Vielleicht verstekken sie sich vor uns.
GIGI: Dann müssen wir sie eben aus ihrem Versteck herauslocken.

Er setzt ein verwegenes Gesicht auf und spielt einen Wildwest-Helden.

GIGI: Wir müssen die ganze Stadt alarmieren!

27. Vorstadt (Platz und Straße)

Die ganze Szene ist eine Montage von mit großer Ausgelassenheit agierenden Kindern, die die Vorstadt überschwemmen.

Das Theater ist gefüllt mit Kindern, sie machen Plakate für einen Umzug. Eine Gruppe malt, eine andere hämmert Latten zu tragbaren Gestellen zusammen, eine andere bemalt

Luftballons, die mit Gas gefüllt werden. Eine vierte studiert mit GIGI das ›Hört Ihr Leut und laßt Euch Sagen‹-Lied ein.

> Hört Ihr Leut und laßt Euch sagen:
> fünf vor zwölf hat es geschlagen.
> Drum wacht auf und seid gescheit,
> denn man stiehlt Euch Eure Zeit.
>
> Hört Ihr Leut und laßt Euch sagen:
> Laßt Euch nicht mehr länger plagen!
> Kommt am Sonntag so um Drei,
> hört uns zu, dann seid ihr frei.
>
> Hört Ihr Leut und laßt Euch sagen:
> die Diebe kriegen Euch am Kragen.
> Wer Zeit Euch stiehlt, der stiehlt Euch Leben.
> Wir können Euch die Hilfe geben.
>
> Hört Ihr Leut und laßt Euch sagen:
> die Zeit wird uns davongetragen.
> Die Diebe sind uns wohlbekannt,
> am Sonntag werden sie genannt.

BEPPO arbeitet mit der Gasflasche bei den Luftballons. Überall stehen Farbtöpfe herum.
MOMO hilft CARLO, MATTEO und SARA eine Protesttafel zu malen:
›Unsern Ehltern felt's an Zeit
wir sind alein in Evichkeit!‹
PAOLO und MAUREEN hämmern. FRANCO und MARIA bemalen

die prallen Luftballons mit einer Karikatur eines glatzköpfigen Gesichtes eines Grauen Herren, das dann durchgestrichen wird.
Auf dem Platz bauen Kinder einen Stand auf, lassen an zwei Luftballonbündeln ein Transparent hochgehn.

An einer Mauerwand ist mit riesigen Buchstaben von Hand geschrieben:
EURE KINDER RUFEN LAUT:
EURE ZEIT WIRD EUCH GEKLAUT!!!
Ein Junge, der auf einem an die Wand gelehnten Fahrrad mühsam balanciert, malt über den schon geschriebenen Schriftzug einen runden Kopf ohne Haare, einen Grauen Herrn darstellend, und streicht den Kopf mit zwei energischen Pinselstrichen aus.
Eine Gruppe Kinder auf selbstgebastelten Seifenkistenwagen saust die Straße hinunter. An dem dreirädrigen Wagen sind Flaggen und Luftballons befestigt. Ein paar Kinder auf Rollschuhen und Skateboards fahren auf dem Trottoir und verteilen Handzettel an Passanten und stopfen sie in Briefkästen.

Ein Junge hat sich an einem Seil die Stadtmauer heruntergelassen und groß an die Wand geschrieben:
ZEIT SPAHREN?
ABER FÜR WEHN?
Plus einem ausgestrichenen Kopf.
Einstellung auf eine Mauerecke, wo eine Kinderzeichnung zu sehen ist, auf der naiv gemalte Kinder eine Uhr zurückdrehen, die auf Fünf vor Zwölf zeigt.
Im Amphitheater wird aufgeregt und hektisch an den Plakaten gearbeitet. Schnitt auf einen strahlenden, blauen Himmel: plötzlich richten sich, von unten ins Bild kommend, eine Unmenge der fertig gemalten Plakate auf und ergeben

einen Wald von Transparenten mit ausgestrichenen Grauen Herren und den verschiedensten Texten wie:
??WARUM?? HABT IHR KEINE ZEIT,
WIR KINDER SAGEN EUCH BESCHEIT!!
KOMMT ZUR GROSSEN VERSAMLUNG UM 6!!
EIN GROSSES GEHEIMNIS ABER WIR SAGENS EUCH!
WER SICH NICHT WEHRD LEBT VERGEHRT!
HÖR MAL OB DEIN HERZ NOCH SCHLÄGT!
GROSE FERSAMLUNG UM 6

28. Amphitheater – Außen/Nacht

20 Kinder sitzen trübselig herum und warten. Überall liegen die zerrissenen und zerfetzten Plakate herum. Ein paar der Kinder trollen sich gerade. Die Kirchturmuhr schlägt achtmal. Eine Karbidlampe gibt ein schwaches Licht, überall herrscht Müdigkeit und Enttäuschung. Weitere Kinder stehen auf und gehen wortlos davon. PAOLO geht auf die niedergeschlagene MOMO zu.

PAOLO: Jetzt kommt bestimmt keiner mehr.

MOMO nickt resigniert.

FRANCO: Mit den Erwachsenen brauchen wir nicht mehr zu rechnen. Ich war ja schon immer mißtrauisch gegen sie – jetzt mag ich sie überhaupt nicht mehr.

FRANCO und PAOLO gehen, alle anderen Kinder schließen sich

an und lassen BEPPO, GIGI und MOMO allein. GIGI pfeift leise
ein melancholisches Lied vor sich hin.

GIGI: Sei nicht traurig, Momo. Unser Plan ist nicht so gelungen, wie er sollte – aber Spaß gemacht hat es doch trotzdem, oder?

MOMO schweigt.

GIGI: Nimm's doch nicht so schwer, wir denken uns einfach was Neues aus, ein neues Spiel – ja?!
MOMO: *(leise)* Das war kein Spiel.

GIGI steht auf.

GIGI: Ich versteh schon. Aber wir reden morgen weiter. Ich muß jetzt los – bin sowieso schon zu spät dran. Weißt du – ich hab' einen Job als Nachtwächter gefunden.

Er geht, sein melancholisches Lied pfeifend, davon. BEPPO will ebenfalls gehen.

MOMO: Gehst du auch?
BEPPO: Ich muß.
MOMO: Aber heut ist doch Sonntag.
BEPPO: Ausnahmsweise, haben sie gesagt.
MOMO: Ich wär froh, wenn du heut hierbliebst.
BEPPO: Ja, ich auch. Aber ich muß – ausnahmsweise, haben sie gesagt. Schlaf gut.

BEPPO trennt sich schwer. Er besteigt sein quietschendes

Fahrrad und wird von der Nacht verschluckt. MOMO sitzt allein in dem großen steinernen Rund. Ein Wind kommt auf, Wolkenfetzen fegen über den Mond, Blätter − viele graue Blätter wehen an MOMO vorbei und über sie hinweg.

29. Müllhalde − Außen/Nacht

Eine Müllhalde im hellen Licht provisorisch aufgestellter Flutscheinwerfer. Ein Gebirge aus Asche, Scherben, Blechbüchsen, alten Matratzen etc. Eine Kolonne Mülleute hat einen Lastwagen abgeladen, der schwerfällig wegrumpelt.

EIN AUFSEHER: Schluß, Leute, fertig!

Ein paar der Arbeiter springen auf den Wagen auf, die zwei letzten kommen mit ihren Fahrrädern zu BEPPO, der sich auf eine Matratze gesetzt hat und schwer atmet. Er ist todmüde.

ARBEITER: Na was ist, fährst du nicht mit?
BEPPO: Ich ruh' mich noch ein wenig aus... Fahrt schon los.

Die beiden fahren los und lassen BEPPO zurück. Mit einem Schlag erlöschen die Flutscheinwerfer, im gleichen Augenblick ist die Müllhalde übersät von unzähligen kleinen Lichtpunkten − die brennenden Zigarren der Grauen Herren −, die unregelmäßig aufglühen.
BEPPO kneift die Augen zusammen − aus seinem Blick erkennt man langsam immer deutlicher, daß die ganze Müllhalde von Grauen Herren bevölkert ist, sie schälen sich aus der Dunkelheit. Auf der höchsten Stelle der Halde wird eine Art Richtertisch aufgebaut. Ein hochlehniger und zwei weitere Stühle werden dahintergestellt.

Der VORSITZENDE, gleichzeitig der oberste Richter, nimmt auf dem hochlehnigen Stuhl Platz. Seine beiden Beisitzer auf den anderen. Die Schar der Grauen Herren steht in dichten Reihen davor.

VORSITZENDER: Der Agent BLW/553/c möge vor das Hochgericht treten.

Der Ruf wird unten wiederholt und klingt wie ein Echo. Dann öffnet sich eine Gasse, ein Grauer Herr steigt langsam die Müllhalde hinauf. Das Grau seines Gesichtes ist fast weiß. Endlich steht er vor dem Richtertisch.

VORSITZENDER: Sie sind Agent BLW/553/c?
BLW/553/C: Jawohl.
VORSITZENDER: Wann sind Sie entstanden?
BLW/553/C: Vor elf Jahren, drei Monaten, sechs Tagen, acht Stunden, zweiunddreißig Minuten und – in diesem Augenblick genau – achtzehn Sekunden.
VORSITZENDER: Ist Ihnen bekannt, daß es eine nicht unbeträchtliche Anzahl von Kindern in dieser Stadt gibt, die heute überall Tafeln und Plakate herumgetragen haben, um die ganze Stadt über uns aufzuklären?
BLW/553/C *(leise)* Es ist mir bekannt.
VORSITZENDER: Wie erklären Sie sich, daß diese Kinder überhaupt über uns und unsere Tätigkeit Bescheid wissen?
BLW/553/C: Ich kann es mir nicht erklären.
VORSITZENDER: Warum lügen Sie?

Der Agent knickt zusammen, ertappt.

BLW/553/C:	Es ist ... Berufsgewohnheit.
VORSITZENDER:	Leugnen Sie, daß Sie einem Kind die Wahrheit über uns verraten haben?
BLW/553/C:	Ich habe in der besten Absicht für die Zeitsparkasse gehandelt.
VORSITZENDER:	Ihre Absichten interessieren uns nicht. Uns interessiert ausschließlich das Ergebnis.

Er beginnt mit wachsender Intensität zu sprechen. Sein Gesicht verzerrt sich vor Aufregung und Haß.

VORSITZENDER:	Und das haben Sie verraten! Jede Stunde, jede Minute, jede Sekunde, im Schatten, zu arbeiten, um jedem Menschen soviel Zeit wie möglich zu entwenden, bis es uns endlich gelungen ist, die gesamte Zeit – aller Menschen – an uns zu reißen! Das ist unser Ziel: Die Weltherrschaft!

Ein zustimmendes Raunen der Versammlung der Grauen Männer. Die Zigarren glimmen aufgeregt. Kalt und unbewegt wie am Anfang läßt der Vorsitzende diese Art von Applaus verrauschen und fährt dann fort.

VORSITZENDER:	Bekennen Sie sich schuldig?
BLW/553/C:	Jawohl. Aber ich bitte das Hohe Gericht, den mildernden Umstand anzuerkennen, daß ich regelrecht verhext worden bin.
VORSITZENDER:	Mildernde Umstände lassen wir nicht gelten. Immerhin werden wir

	uns dieses merkwürdigen Kindes ein wenig annehmen. Wie heißt es?
BLW/553/C:	Momo.

Die beiden Beisitzer schreiben die Angaben von BLW/553/C in ihre kleinen grauen Notizbücher.

VORSITZENDER:	Knabe oder Mädchen?
BLW/553/C:	Mädchen.
VORSITZENDER:	Wohnhaft?
BLW/553/C:	Amphitheater.
VORSITZENDER:	*(mit kaltem, dünnem Lächeln)* Sehr gut.

Der Tonfall dieses ›sehr gut‹ macht klar, daß es sich um ein Todesurteil handelt. BEPPO hat mit Entsetzen diese Wendung des Verhörs erlebt. Er will aufstehen, sich wegschleichen, dabei stößt er an eine Konservendose, die gefährlich scheppert. BEPPO sinkt erschrocken zurück und macht sich so klein wie er kann.

Die drei Herren beugen sich hinter dem Richtertisch zueinander, flüstern sich etwas zu und nicken. Dann stehen sie auf und setzen ihre Hüte auf.

VORSITZENDER:	Das Urteil über Agent BLW/553/C lautet einstimmig: Der Angeklagte wird des Hochverrats für schuldig befunden. Unser Gesetz schreibt vor, daß ihm zur Strafe unverzüglich jegliche Zeit entzogen wird.
BLW/553/C	(schreit auf): Gnade! Gnade!

Aber schon haben zwei andere Graue Herren, die bei ihm standen, ihm seine Aktentasche und die kleine Zigarre entrissen. In dem Moment, wo BLW/553/C seine Zigarre nicht mehr hat, fängt er an, rasch immer durchsichtiger und durchsichtiger zu werden, sein Geschrei wird leiser und leiser, er hält sich die Hände vors Gesicht und löst sich buchstäblich in Nichts auf. Der Wind bläst ein paar Aschenflöckchen im Kreis herum.

30. Amphitheater – Außen/Nacht

MOMO hockt in der gleichen Stellung wie in der vorletzten Szene. Die Blätter wirbeln. Plötzlich, mit einem Male, schläft der Wind ein. Die Blätter sinken mit müden, torkelnden Bewegungen zu Boden. Eine unheimliche Stille breitet sich aus.
MOMO fröstelt und steht auf. Zögernd und sich ganz allein fühlend beginnt sie die Stufen des Theaters herabzusteigen.

31. Freies Gelände – Außen/Nacht

BEPPO radelt eilig. Sein Gesicht ist angestrengt und besorgt. Von hinten nähern sich mit aufgeblendeten Scheinwerfern mehrere Autos von Grauen Herren. Sie überholen ihn rücksichtslos, zwingen ihn an den Grabenrand. Er stürzt, fällt mitsamt dem Rad in den Graben.

32. Amphitheater — Außen/Nacht

MOMO steht im Theater vor dem Eingang zur Grotte. Sie wirkt sehr einsam. Die Schildkröte krabbelt auf MOMO zu und stupst sie am Fuß.

MOMO: Oh, was willst du denn von mir?

Auf dem Panzer der Schildkröte leuchten Buchstaben auf: KOMM MIT.

MOMO: *(entziffert)* Komm mit — ich?

Die Schildkröte läuft in Richtung Ausgang.

MOMO: Ich glaub, du meinst wirklich mich.

Sie steht auf und läuft hinter dem Tier her. Langsam bewegen sie sich aus dem Theater.

33. Freies Gelände — Außen/Nacht

BEPPO, vom Sturz völlig verdreckt, versucht das völlig verbogene Vorderrad seines Fahrrades geradezubiegen. In Panik wirft er es weg und rennt zu Fuß weiter.

34. Amphitheater — Außen/Nacht

Das Theater ist umstellt von vielen grauen Autos, deren Scheinwerfer es grell erleuchten. Es wimmelt von Grauen Herren, die Handscheinwerfer tragen und das Gemäuer systematisch absuchen.

35. Vorstadt (Platz) — Außen/Nacht

Keuchend und verzweifelt rennt BEPPO den Weg zum Platz hoch. Acht graue Autos fahren mit großem Gehupe an ihm vorbei, überfahren ihn beinahe. Er gibt nicht auf, rennt weiter...

36. Momos Höhle — Innen/Nacht

BEPPO zündet ein Streichholz an, ein Chaos bietet sich unseren Blicken dar, die ganze Einrichtung MOMOS ist durcheinander geworfen, das Unterste ist zuoberst gekehrt.

BEPPO: Mein Gott, mein Gott, sie haben sie schon weggeholt, ich bin zu spät gekommen — was soll ich denn jetzt machen? Was mach ich denn jetzt nur?

Das Streichholz verbrennt seine Finger, Dunkelheit.

37. Zentrale Zeitsparkasse —ʻInnen/Tag

Ein großer merkwürdiger Raum. Boden und Decke sind wie zwei riesige Halbkugeln geformt, die sich einander zuwölben. Im Boden sind lauter kreisrunde Öffnungen, aus denen die kahlen Köpfe von Grauen Herren herausschauen. Korrespondierend zu diesen Öffnungen sind Löcher in der Decke, aus denen Laserstrahlen herauskommen und genau auf die Köpfe der Grauen Herren treffen.

Die Wände des Raumes sind nach oben und unten unbegrenzt und verlieren sich hinter den Kugelsegmenten des Bodens und der Decke, so daß der Eindruck entsteht, als ob in einem riesenhaften Raum zwei überdimensionale Kugeln frei schweben. Die Wände bestehen aus hexagonartigen Rastern und wirken wie Bienenwaben. Jedes Hexagon ist ein futuristischer Monitor. Auf den Monitoren sind jeweils Brustbilder von Grauen Herren mit Hüten zu sehen, die in kurzen Abständen Berichte von sich geben. Sie vertreten die Außenstellen einer gigantischen Überwachungsanlage der Grauen Herren. Im Gegensatz zu ihnen wirken die Grauen Herren in den Bodenöffnungen so als ob sie überhaupt nur aus Köpfen bestünden. Dünne Plastikschläuche führen in ihre Münder und versorgen sie mit dem lebenswichtigen Zigarrenrauch. Sie sprechen kein Wort, aber ihre grauen Augen sind lebendig und beobachten die Vorgänge auf den Monitoren.

Am Anfang der Szene ist, über alle Monitoren verteilt, ein großer Stadtplan zu sehen, auf dem überall verschiedene Punkte aufleuchten, die sich langsam bewegen oder blinkend stehenbleiben. Eine Lautsprecherstimme, mechanisch blechern, ertönt.

LAUTSPRECHERSTIMME: Dringlichkeitsstufe eins!
Gesucht wird ein Mädchen, Alter 10 bis 12 Jahre, struppiges dunkles Haar, braune Augen, trägt zu große Männerjacke und bunten Flickenrock, wohnhaft im Bezirk Planquadrat RO – 2.

Auf den Monitoren erscheinen lauter einzelne Graue Herren, die mit ziemlicher Geschwindigkeit ihre Meldungen erstatten und dabei an ihren Zigarren paffen.

Momo, das Waisenkind, das nicht ins Waisenhaus will, findet im Dorf sofort viele Freunde: Beppo Straßenkehrer, den Wirt Nino und den Maurer Nicola

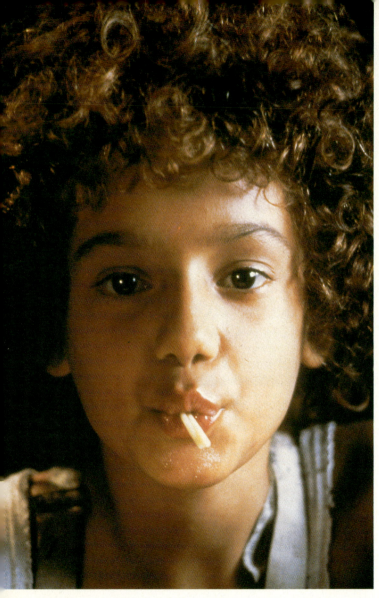

Friede und Harmonie, die Momo im Dorf vorfindet, werden bedroht – von den Zeit-Dieben, den Grauen Herren, die den Menschen Ruhe und Glück rauben wollen.

Momo mit den Kindern des Dorfes: im Spiel als exotische Momo-san, bei der Demonstration gegen die Hast der Erwachsenen, die von den Graune Herren um ihre Ruhe gebracht wurden.

Die Grauen Herren wollen ihre Widersacherin Momo durch aufwendige Geschenke ›einkaufen‹. Aber das Mädchen findet ihre bunten Puppen nur langweilig.

Auf der Flucht vor den Grauen Herren wird Momo von der Schildkröte Kassiopeia zu Meister Hora geführt, dem gütigen Hüter der Zeit.

Zurück im Dorf: Momo ist traurig und verlassen. Einsam streift sie durch die Stadt.

Der Weg zu Meister Horas Nirgendhaus führt durch die Niemalsgasse. Momo muß den Hüter der Zeit wiederfinden, um der Schreckensherrschaft der Grauen Herren ein Ende zu bereiten.

Michael Ende (oben) und Johannes Schaaf mit ›ihrer‹ Momo, Radost Bokel, bei den Dreharbeiten in Rom.

STIMMEN:	RO – 2 negativ. RO – 3 negativ.
	ST – 1 negativ. ST – 2 negativ.
	RU – 4 negativ.

Die Augen der Beamten in den Bodenöffnungen bewegen sich schnell, den Meldungen der Monitoren folgend.

38. Hauptstraße (vor dem Theater) – Außen/Nacht

MOMO und die Schildkröte wandern durch die Straße am Theater vorbei, dessen letzte Besucher das Vestibül verlassen. An den Plakaten, die aufgehängt sind und die herumstehen, erkennen wir, daß das ehemals alte Theater inzwischen zu einer Arena, in der Boxveranstaltungen, Radrennen und ähnliches stattfinden, umfunktioniert worden ist. Entsprechend sind auch die Zuschauer. MOMO und die Schildkröte werden nicht sonderlich beachtet. Aber kaum sind MOMO und KASSIOPEIA hinter einer von Plakaten beklebten Säule verschwunden, als ein ganzer Trupp grauer Männer aus verschiedenen Autos herausspringt, die Treppenstufen zu den Eingängen hocheilt und in das Vestibül eindringt, das gerade von irgendwelchen Uniformierten geschlossen werden soll.

39. Autofriedhof – Außen/Nacht

Ein ausgeschlachteter VW-Bus, die Sitzbänke herausgerissen, dafür liegt eine Matratze am Boden, auf der GIGI offen-

sichtlich angezogen geschlafen hat. Eine Sitzbank ist provisorisch an der Buswand befestigt, ein Tischchen mit Rechnungen steht davor. Überall liegen Werkzeuge herum, Schweißgeräte und Gasflaschen. Eine Karbidlampe hängt an der Decke. Durch die Autofenster sieht man undeutlich in der Dunkelheit aufeinander gestapelte Autowracks.
BEPPO und GIGI im Innern des VW-Busses. Der ruhige BEPPO ist fast nicht wiederzuerkennen, er hat GIGI am Kragen und schüttelt ihn.

BEPPO: Sie ist nicht mehr da, glaub mir doch! Sie haben sie entführt! Glaub mir! Da!

Völlig sinnlos streckt er zum Beweis den Zeigefinger hin.

BEPPO: Ich hab' mir den Finger verbrannt. Da! Warum glaubst du mir nicht? – Gigi! Du kannst mein Fahrrad ansehen, es ist ganz kaputt.
GIGI: Beruhige dich doch, Beppo! Vielleicht ist sie nur spazierengegangen. Das tut sie doch öfter. Ruhig! Sei doch ruhig! – Sie ist spazieren!
BEPPO: Und die vielen grauen Autos? Und die herausgerissene Matratze? – Ich geh zur Polizei.
GIGI: Du bist verrückt. Die stecken sie in ein Heim. Willst du ihr das antun, Beppo? Ich möchte nicht in deiner Haut stecken, wenn sie dich das letzte Mal anschaut.

BEPPO läßt von ihm ab und fällt förmlich in sich zusammen. GIGI beginnt BEPPO Schuhe und Strümpfe und Jacke auszu-

ziehen und ihn auf die Matratze zu legen. Er behandelt ihn
wie ein Kind und redet sanft und lieb auf ihn ein.

GIGI: Nun komm, mein Alter, komm!
Wird schon wieder werden. Morgen lachen wir über den ganzen
Unsinn, alle drei. Du und ich und
Momo, alle drei.

BEPPO läßt sich für einen Augenblick einlullen. Aber kaum
hat GIGI ausgeredet, springt er wie eine Feder auf und rennt
bloßfüßig hinaus, als ob ihn der Teufel jage. Zurückbleibt
der verblüffte GIGI.

40. Hauptstraße (U-Bahn-Station und Eingang zur Polizei-Station) – Außen/Nacht

Der Eingang zu einer U-Bahn. Hinter der U-Bahn sehen wir
die Hauptstraße in einer Art Tunnel münden, der unter
einem riesenhaften Gebäude durchführt. Direkt neben der
U-Bahn befindet sich der Eingang zu einer Polizeiwache.
MOMO wandert hinter KASSIOPEIA her. Aus der U-Bahn-
Treppe quillt ein Strom von Passanten, MOMO und KASSIOPEIA verbergend; ein ›graues Auto‹ fährt langsam vorbei.
Über die Straße rennt, mit bloßen Füßen, BEPPO, drängt sich
suchend durch die Menschen. Sein Blick fällt auf das Schild
POLIZEI.
Er rennt in das Polizeirevier hinein.
Die Leute aus der U-Bahn haben sich verlaufen. MOMO und

KASSIOPEIA werden wieder sichtbar. Sie gehen gerade an der Treppe, die zur U-Bahn hinunterführt, vorbei und werden von der Balustrade verdeckt.
Ein Quietschen von Bremsen. Ein ›graues Auto‹ ist vorgefahren. Zwei Graue Herren stürzen heraus und stürmen die Treppen zur U-Bahn hinunter.

Hinter der Balustrade bleibt KASSIOPEIA stehen, MOMO hinter ihr ebenfalls.

MOMO: Wohin gehen wir eigentlich?

Sie sagt es mit normaler Stimme.
Auf dem Panzer erscheint: STILL!
MOMO nickt, ohne so recht zu begreifen. Dann plötzlich vergnügt

MOMO: Ein Glück, daß ich schon so gut lesen kann.

Auf dem Panzer KASSIOPEIAS blinkt das Wort: STILL!
Die Buchstaben blinken wie ein Warnsignal.

41. Polizeirevier – Innen/Nacht

Ein typisches Polizeirevier. Hinter einer Barriere ein Tisch, an dem zwei Beamte sitzen. Einer versucht BEPPOS verworrene Angaben zu tippen.
Im Hintergrund der übliche Nachtbetrieb eines Reviers. Vor der Barriere der bloßfüßige BEPPO in heller Aufregung. Er tänzelt, verlagert sein Gewicht ständig von einem auf den anderen Fuß. Die Beamten halten ihn offensichtlich für leicht verrückt.

BEPPO:	Nein! Erst zum Tode verurteilt und dann in Rauch aufgelöst. – Und mit Momo wollen sie das auch machen...
1. BEAMTER:	*(unterbricht ihn)* Auf der Müllhalde!

Er wirft seinem Kollegen einen bedeutungsvollen Blick zu: Der Mann spinnt.

BEPPO:	Ja! – Aber Momo ist nicht daheim, und alles ist durcheinander geschmissen!
2. BEAMTER:	Auf der Müllhalde?
BEPPO:	Nein – im Amphitheater!

Der 1. Beamte stöhnt auf und wirft einen verzweifelten Blick zur Decke.

1. BEAMTER:	*(zum 2. Beamten)* Gott im Himmel! Warum muß gerade ich jetzt Dienst haben!
BEPPO:	Sie müssen sie finden!
1. BEAMTER:	Ja! Ja! Name?
BEPPO:	Beppo Straßenkehrer
1. BEAMTER:	*(wütend, brüllt)* Nicht der Beruf, der Name!
BEPPO:	*(kleinlaut)* Es ist beides.

Der Polizist gibt auf. Er zieht das eingespannte Formular aus der Maschine, zerknüllt es und wirft es in den Papierkorb. Dabei sagt er:

1. BEAMTER:	Gut! Wir suchen. Sie kriegen dann Bescheid – aber die Stadt ist groß.
BEPPO	*(nickt):* Ach ja! Die Stadt ist groß.

42. Hauptstraße (U-Bahn-Station) – Außen/Nacht

Die beiden Grauen Herren kommen die Treppe der U-Bahn herauf und fahren mit ihrem Wagen weg.
MOMO und KASSIOPEIA kommen hinter der Balustrade hervor und gehen auf den Tunnel zu, der aber inzwischen fast nicht mehr als Tunnel erkennbar ist, weil ein dünner weißer Nebel alle Konturen aufzulösen scheint.

43. Zentrale Zeitsparkasse – Innen

Es summt wie in einem Bienenschwarm, die Köpfe und Augen der Beamten drehen sich immer hektischer von Monitor zu Monitor. Ein Stimmengewirr von Meldungen, aus denen man immer nur den Begriff ›negativ, negativ, negativ‹ vernimmt. Plötzlich dringt eine Stimme schrill aus dem Stimmenteppich.

STIMME: ZY positiv

Auf einen Schlag ist es völlig ruhig im Raum. Eine gespenstische Stille. Alle Monitoren erlöschen bis auf den mit der positiven Meldung.
Groß: der Graue Herr auf dem Monitor, der in großer Aufregung hektisch an seiner Zigarre pafft.
Alle Augen der Beamten sind auf den einen Monitor gerichtet.

GRAUER HERR ZY: ZY positiv. Vermutliche Direktion des Objekts ZY – 1 nach ZY – 4.

Die scheppernde Stimme des Lautsprechers ertönt

LAUTSPRECHER: Konzentration auf Planquadrate
ZY – 1 – 2 – 3 – 4,
ZZ – 1 – 2 – 3 – 4,
ZX – 1 – 2 – 3 – 4,
ZW – 1 – 2 – 3 – 4,
ZV – 1 – 2 – 3 – 4.

Mit der jeweiligen Erwähnung des Planquadrats wird um den Monitor des Grauen Herrn ZY ein weiterer Monitor eingeblendet.

GRAUER HERR ZZ: ZZ – 3 positiv. Richtung des gesuchten Objekts nach ZZ – 4, nein nach ZZ... nein! Es ist, als ob sich das Objekt auf den Rand des Koordinatensystems zubewegt... in einem Bereich, der uns unbekannt ist...

Seine Stimme wird immer schriller, überschlägt sich fast.

44. Hauptstraße – Außen/Nacht

Wir befinden uns im Innern eines Einsatzwagens der Grauen Herren. Auf einem winzigen Monitor des Funkgeräts ist der Graue Herr ZZ zu sehen, der aufgeregt gestikuliert. Über den Lautsprecher des Wagens hören wir: Einen solchen Bereich gibt es nicht.

GRAUER HERR ZZ: Doch, es ist, als ob diese Gegend am Rande der Zeit liegt, und das

Kind bewegt sich auf diesen Rand zu.

Die beiden Grauen Herren des Einsatzwagens schauen sich voller Panik an. Aus dem Lautsprecher des Funkgerätes plärrt es: Alarm – Verfolgung aufnehmen – sie darf nicht entkommen – hermetisch abriegeln – sofort festnehmen! Der Einsatzwagen beschleunigt und fährt direkt auf die weiße Nebelwand zu.

45. Tunnel

MOMO und die Schildkröte gehen in der Totale im Innern des Tunnels. Der Ausgang des Tunnels ist grell und leuchtend in der Ferne sichtbar, davor heben sich die Silhouetten der beiden deutlich ab.

Es scheint, als ob der Tunnel senkrecht nach oben führe, da die Wände des Tunnels aus lauter Fenstern bestehen, hinter denen tiefschwarze Schatten liegen, perspektivisch so gebaut, daß der Eindruck des Nach-oben-Gehens entstehen muß.

Groß, wie MOMO langsam Fuß vor Fuß setzt, hinter KASSIOPEIA her. Die Kamera zieht auf, und wir erleben, wie – trotz der ganz langsamen Schrittbewegungen MOMOS – die Wände mit rasender Geschwindigkeit an ihr vorbeiziehen.

Der Einsatzwagen ist in den Tunnel eingedrungen, der Graue Herr deutet aufgeregt nach vorn.

GRAUER HERR 5: Da läuft sie.

Durch einen leichten Schleier, irgendwie verschwommen, sehen wir MOMO schon halb von der extremen Helligkeit des

Tunnelausgangs aufgesogen. Der Fahrer des Wagens tritt wie wild aufs Gas, der Motor heult, der Fahrtwind rauscht, der ganze Wagen vibriert.

GRAUER HERR 5: Geben Sie doch Gas.
GRAUER HERR 6: Aber wir fahren doch, wir fahren mit 220 Stundenkilometern.

Er zeigt auf den Tacho, der 220 Kilometer anzeigt. Der andere deutet durch die Seitenscheibe: stehende Fensterwände mit tiefschwarzen Schatten.

GRAUER HERR 5: Warum kommen wir denn nicht vorwärts?
GRAUER HERR 6: Es ist zum Verrücktwerden! Man fährt wie gegen eine Wattemauer.

46. Niemalsgasse

Ein Straßenschild aus weißem Marmor, die Schrift in goldenen Lettern: NIEMALSGASSE. MOMO blickt nach oben und liest: Niemalsgasse.
Vor MOMO liegt eine merkwürdige Straße, gesäumt mit phantastischen Gebäuden. Irgendwie sind sie uns aus den verschiedensten geschichtlichen Epochen vertraut, aber auf besondere Weise sind sie alle perspektivisch verzerrt. Ein Licht hebt die Konturen aller Dinge ungewöhnlich scharf und klar hervor, lange schwarze Schatten laufen in ganz verschiedene Richtungen, so als würde jener Bau von links, dieses Haus von rechts, das Denkmal von vorn beleuchtet werden. Das Denkmal ist ein weißes Ei, das auf einem schwarzen würfelförmigen Sockel aus Stein steht, ein riesengroßes

weißes Ei. Die Straße mündet in extremer Perspektive hinter dem Denkmal an einem globusartigen Gebäude, das wie die riesige Versteinerung einer Muschel den Weg versperrt. Nur ein steil aufragender schwarzer Spalt läßt einen Eingang ahnen.
MOMO blickt nach KASSIOPEIA, sie ist weit voraus. MOMO versucht ihr nachzugehen, aber ein immer stärker und stärker werdender Wind wirft sie zurück.

MOMO: Schildkröte, Schildkröte, warte doch auf mich.

Die Worte werden vom Wind zerfetzt, überschlagen sich, werden beinahe unverständlich überhallt, jedoch so, daß das Echo immer lauter und lauter wird. Die Schildkröte kehrt um und geht auf MOMO zu, MOMO wirft sich gegen den Wind, der sie zurückbläst, sie stemmt sich schräg gegen den rätselhaften Druck, zieht sich an Mauervorsprüngen weiter, kriecht auf allen vieren.

MOMO: Ich komm nicht dagegen an. Hilf mir doch.

Der gleiche Toneffekt. KASSIOPEIA kriecht näher, auf ihrem Panzer leuchtet hell die Schrift auf: RÜCKWÄRTS GEHEN.
MOMO dreht sich um und geht rückwärts und siehe da, es geht wunderbar. Der Wind ist weg und auch der Hall ist verschwunden, als sie mit strahlendem Gesicht sagt: Wunderbar, so geht's.
Im Nu steht sie vor dem gigantischen Globus, direkt vor dem schwarzen Spalt, der aber, wie sich jetzt herausstellt, kein Spalt ist, sondern nur eine dunkle Zeichnung auf dem Mauerwerk. Aber sobald MOMO mit dem Rücken den Stein berührt, reißt er ein, und wie ein Vorhang wird links und rechts die Wand weggerissen, dahinter erscheint eine renais-

sanceartige Fassade, die schräg nach vorne hochragt, weit über MOMO hinweg.

MOMO steht noch immer mit dem Rücken zu der Fassade, sie starrt nach oben, eine große bronzene Tür, figurenbedeckt, öffnet sich weit, und während sie langsam rückwärts geht, liest sie über dem Portal auf einem Schild, das von zwei weißen Einhörnern getragen wird, die Aufschrift: ›Das Nirgendhaus‹. MOMO liest laut mit, und da sie rückwärts liest, vernehmen wir: Suahdnegrin Sad.

Dabei ist sie vollends durchs Tor getreten, das sich mit großem Donner schließt. Total: die Straße mit dem gigantischen Globus. Nichts deutet darauf hin, daß hier eben noch der Zugang zum Nirgendhaus war, nur das Echo des Donners grollt lange nach.

47. Treppenhaus im Nirgendhaus

MOMO lehnt mit dem Rücken an dem hohen Portal, vor ihr eine merkwürdige Treppe in blauem Licht mit hohen Stufen. Sie steht da und staunt die fremde Welt an. Die Schildkröte versucht, die Treppen hinaufzukrabbeln, was ihr nicht gelingt. MOMO hebt sie hoch und fängt an, hinaufzugehen.

Auf der obersten Stufe erscheint HORA, streckt ihr beide Hände entgegen, hinter ihm ist eine wesentlich kleinere Tür, beinah eine normale – die eigentliche Eingangstür ins Nirgendhaus.

Er kommt ihr ein paar Stufen entgegen.

HORA: Willkommen im Nirgendhaus. Gestatte, daß ich mich vorstelle: Ich bin Meister Hora – Sekundus Minutius Hora.

MOMO: Guten Tag. Ich bin Momo.

HORA: Ich weiß, ich weiß. Ich habe dich schon erwartet.

MOMO betrachtet mit Verwunderung HORAS altmodische Erscheinung. HORA ist ein zierlicher, alter Herr mit silberweißem Haar, zu einem Zopf geflochten. Er trägt eine lange, goldbestickte Jacke, blauseidene Kniehosen, weiße Strümpfe und Schuhe mit großen Goldschnallen darauf. An den Handgelenken und am Hals quellen reiche Brüsseler Spitzen heraus. HORA bemerkt ihr Erstaunen.

HORA: Ihr seid wirklich pünktlich gekommen *(lächelnd und auf seinen Anzug deutend)* Nur ich habe mich, glaube ich, ein wenig verspätet – in der Mode! Wie unhöflich von mir. Ich werde das sogleich korrigieren.

Er schnippt mit dem Finger und sitzt im Nu in einer schwarzen Kleidung der Mitte des 19. Jahrhunderts da. Ganz in Schwarz, extrem hoher Stehkragen, wirkt er wie eine Figur aus ›Hoffmann's Erzählungen‹.

HORA: Ist es so besser?

Er schaut auf MOMOS skeptischen Blick an sich hinunter.

HORA: Aber natürlich nicht, wo hab ich meine Gedanken!

Er schnippt wieder und trägt nun plötzlich eine Kleidung, wie sie vielleicht im Jahre 2200 getragen werden wird.

HORA: Auch nicht? – Beim Orion, das muß doch hinzukriegen sein!

Er schnippt wieder und steht jetzt in normaler Kleidung vor
MOMO. Er lächelt sie an, sie lächelt zurück. Er nimmt MOMO
die Schildkröte ab und bleibt stehen.

HORA: Ach, warte einen Augenblick. Ich will mir die Sache noch einmal betrachten.

Er gibt MOMO die Schildkröte wieder zurück, zieht eine kleine Brille, ähnlich der BEPPOS aus der Tasche, nur ist sie aus Gold. Er setzt die Brille auf und lacht sein angenehmes Lachen, das wir schon aus dem Zug kennen.

HORA: Sie reden von dir. Sie können nicht begreifen, daß du ihnen entkommen bist.
MOMO: Wer?
HORA: *(immer noch lächelnd)* Hier, schau durch meine Allsichtbrille.

Er setzt ihr die Brille auf.

MOMO: Ich kann überhaupt nichts erkennen.

Wir sehen mit ihr ein Kaleidoskop von lauter verschwommenen Farben, Lichtern und Schatten. Hora tritt hinter sie, legt beide Hände sacht an die Bügel der Brille auf MOMOS Nase, und schon sehen wir:

48. Tunnel

Im Tunnel sind ein paar Einsatzautos der Grauen Herren steckengeblieben. Verschiedene Graue Herren versuchen, die Autos zurückzuschieben, andere stehen dabei und gestikulieren, wieder andere rennen immerzu hin und her. Sie wirken völlig verstört.

49. Treppenhaus im Nirgendhaus

MOMO nimmt irritiert die Brille ab und gibt sie HORA zurück.

MOMO:	Oh, so viele? Oh, kennst du sie gut?
HORA:	*(seufzt)* Ich kenne sie, und sie kennen mich.
MOMO:	Was wollen sie denn?
HORA:	Dich.
MOMO:	*(erschrocken)* Wollen sie mir denn etwas tun?
HORA:	Das kann man wohl sagen. Aber hab keine Angst, bei mir bist du sicher.
MOMO:	Aber wir sind doch mitten durch die Stadt gegangen, die Schildkröte und ich. Wenn sie mich suchen, dann hätten sie mich doch ganz leicht kriegen können.
HORA:	*(krault die Schildkröte am Hals)* Was meinst du, Kassiopeia, hätten sie euch kriegen können?

SCHILDKRÖTE:	NIE!

Die Buchstaben flimmern lustig.

HORA:	Kassiopeia kann nämlich ein wenig in die Zukunft sehen – genau eine halbe Stunde. Deshalb weiß sie natürlich auch, ob sie den Grauen Herren begegnen wird oder nicht.
MOMO:	Ach, das ist aber praktisch. Warum sehen sie eigentlich so grau im Gesicht aus?
HORA:	Weil sie ihr Dasein von etwas Totem fristen. Sie existieren davon, daß sie den Menschen die Lebenszeit stehlen. Jeder Mensch hat seine Zeit, und nur solange sie wirklich die seine ist, bleibt sie lebendig.
MOMO:	*(entschlossen)* Ich laß mir meine Zeit von niemandem stehlen.

50. Konferenzraum der Zeitsparkasse – Innen/Tag

Ein großer Raum mit Sichtbetonwänden. Die Kamera zeigt eine lange Reihe grauer Hüte, die an Haken an der Wand hängen. Man hört aufgeregtes Stimmengewirr, wir schwenken hinüber auf die spiegelglatten Glatzen der Grauen Herren, die an einem langen Refektoriumstisch mit spiegelblanker Resopalplatte sitzen. Zigarrenqualm. Wortfetzen schälen sich aus dem Stimmengewirr. Die Kamera konzentriert sich auf den Redner, der den ›Klingelsatz‹ spricht.

GRAUER HERR 3: ...Tatsachen ins Auge sehen... Das Mädchen Momo hat den Bereich der Zeit verlassen, meine Herren. Begreifen Sie doch!

Die aufgeregten Stimmen werden etwas leiser, immer mehr hören dem Redner zu, der sich immer stärker gegen das Stimmengewirr (›Kind unschädlich machen‹, ›Zeitspeicher‹, ›kostspielige Unternehmungen‹, ›Unsinn‹, ›ausgeschlossen‹) durchsetzt.

GRAUER HERR 3: Ihm ist geholfen worden, meine Herren! Ihm ist geholfen worden! Sie alle wissen, von wem ich rede — es handelt sich um jenen sogenannten Meister Hora.

Mit einem Schlag tritt Stille ein. Wie geprügelte Hunde senken sich alle Glatzen fast bis auf die Tischplatte, die die Glatzen widerspiegelt. Nur der VORSITZENDE sitzt steif, wie eingefroren. Seine Augen sind geschlossen.

51. Uhrenkabinett

Hora sitzt mit Momo in einer Biedermeierecke, Sofa, rundes Tischchen, zierliches goldenes Porzellan, sie trinken Tee, essen goldbraune Brötchen, goldene Butter und goldenen Honig. Im Hintergrund die vielen, vielen Uhren.

MOMO: Sag mal, was ist denn die Zeit eigentlich? Die Zeit selbst, sie muß doch irgendwas sein – ist sie so eine Art Musik, die man bloß nicht hört, weil sie immer da ist? Obwohl ich glaub, ich hab sie schon manchmal gehört, ganz leise.

HORA: Ich weiß. Deshalb konnte ich dich ja zu mir rufen.

Momo ißt die von Hora bestrichenen Brötchen.

HORA: Ich will dir nun ein Geheimnis anvertrauen. Hier aus dem Nirgendhaus in der Niemalsgasse kommt die Zeit aller Menschen.

MOMO: *(ehrfürchtig)* Oh, machst du sie selbst?

HORA: *(lächelnd)* Nein, mein Kind, in bin nur der Verwalter. Meine Pflicht ist es, jedem Menschen die Zeit zuzuteilen, die ihm bestimmt ist.

MOMO: Bist du der Tod?

Meister Hora lächelt und schweigt eine Weile.

HORA: Wenn die Menschen wüßten, was der Tod ist, dann hätten sie keine Angst mehr vor ihm. Und wenn sie keine Angst mehr vor ihm hätten, dann könnte niemand ihnen mehr die Lebenszeit stehlen.

MOMO: Dann braucht man es ihnen doch bloß zu sagen.

HORA: Meinst du? Ich sage es ihnen mit

	jeder Stunde, die ich ihnen zuteile. Aber ich fürchte, sie wollen es gar nicht hören. Sie wollen lieber denen glauben, die ihnen Angst machen.
MOMO:	Ich hab keine Angst.
HORA:	*(nickt langsam und schaut Momo lange an)* Möchtest du sehen, wo die Zeit herkommt?
MOMO:	*(flüstert)* Ja.
HORA:	Aber an jenem Ort mußt du schweigen. Man darf nichts fragen und nichts sagen. Versprichst du mir das?

MOMO nickt stumm. Da beugt sich Meister Hora zu ihr hinunter und hebt sie hoch. Er deckt ihr mit der Hand die Augen zu und trägt sie hinaus.

52. Konferenzraum Zeitsparkasse – Innen/Tag

Der VORSITZENDE hat die Augen geschlossen, er öffnet sie langsam und beginnt zögernd zu reden, steigert sich aber im Verlauf seiner Rede in große Erregung.

VORSITZENDER:	Furcht ist ein schlechter Ratgeber, meine Herren! Es liegt auf der Hand, daß dieses Kind tatsächlich den Weg zu dem ›Sogenannten‹ gefunden hat. Es könnte uns diesen Weg führen, den wir so lange ver-

geblich gesucht haben. Und dann...
(er lächelt dünn und fährt mit messerscharfer Stimme fort): Wenn wir erst einmal an – HORAS Stelle sitzen, haben wir's nicht mehr nötig, mühsam Stunden, Minuten und Sekunden zu raffen, wir hätten auf einen Schlag die gesamte Zeit aller Menschen.

Bei diesem mit eindringlicher, leiser Stimme gehaltenen Vortrag heben sich die Köpfe langsam, marionettenhaft von der Tischplatte, bis alle genauso steif dasitzen wie der VORSITZENDE.

VORSITZENDER: Meine Herren, wir wären am Ziel!

Totenstille. Alle starren auf den VORSITZENDEN. Sein Enthusiasmus teilt sich den andern nicht mit. Endlich wagen drei mit flüsternder Stimme den Einwand:

GRAUER HERR 1: Sie wird sich weigern!
GRAUER HERR 2: Man kann sie nicht bestechen!
GRAUER HERR 3: Außerdem ist sie nicht mehr da!

Wieder das messerdünne Lächeln des VORSITZENDEN.

VORSITZENDER: Der ›Sogenannte‹ wird sie zurückschicken, gut ausgerüstet, eine tödliche Gefahr für uns.

Der VORSITZENDE macht eine Pause und genießt die furchtsamen Augen der ihn anstarrenden Grauen Herren. Er kichert ekelhaft.

VORSITZENDER: Meine Herren! Dieses Mädchen hat

> **eine** verwundbare Stelle: Es ist angewiesen auf seine Freunde. Wir werden einfach alle ihre Freunde von ihr abziehen. Niemand wird mehr da sein, dem sie ihre Zeit schenken kann; sie wird eine Last für sie sein, ein Fluch.
> Ich wette 1000 Jahre gegen eine Zehntelsekunde, daß sie uns den bewußten Weg führen wird, nur um ihre Freunde zurückzubekommen!

Die Gesichter der Grauen Herren überzieht ein messerdünnes Lächeln. Sie klatschen Beifall, das Geräusch schwillt an, wird echoartig von den Wänden zurückgeworfen.

53. Amphitheater – Außen/Tag

GIGI sitzt allein, verlassen, traurig auf den Stufen des Theaters und spielt auf seiner Gitarre MOMOS Lied. Er singt sehr schön und leise dazu – den Kopf gesenkt. Auf dem äußersten Rand des Theaters wird der Kopf von FRANCO sichtbar. Er schiebt sich mit großer Vorsicht ins Bild und klettert die Stufen hinunter. Wir merken bald, daß das Ganze kein Spiel ist.
Ein Stein kollert – GIGI blickt hoch. FRANCO sichert wachsam nach allen Seiten. Dann

FRANCO: *(fast flüsternd)* Ciao, Gigi? Momo nicht da?

GIGI, weiterspielend und singend, schüttelt den Kopf.

FRANCO: Meinst du, sie haben sie ins Waisenhaus gebracht — oder ins Kinderdepot?

GIGI: *(unterbricht sein Spiel)* In was?

FRANCO: In so'n Depot. Sie stecken uns Kinder jetzt in Depots, damit wir lernen, wie man Zeit spart, weißt du — und unsere Eltern haben dann auch mehr Zeit...

GIGI spielt kopfschüttelnd weiter.

FRANCO: Ich bin dort abgehauen — ich...

FRANCO hebt plötzlich den Kopf, wittert wie ein Tier und ist verschwunden. GIGI lächelt wehmütig. Er hält es für eine Art Indianerspiel und konzentriert sich wieder auf sein Lied.

Plötzlich klatscht jemand Beifall. GIGI schaut hoch, ihm gegenüber sitzt BIBI-DAME — Haltung, Kleidung, alles identisch mit BIBI-GIRL — selbst ihre Stimme hat fast das gleiche unangenehme Schnarr-Timbre wie die der Puppe. GIGI steht auf und will gehen. Traurig abwesend nickt er der Dame zu.

BIBI-DAME I: Ach bitte, bleiben Sie doch. Bitte, ich bleibe ganz still hier sitzen und hör Ihnen zu. Eine so schöne Stimme hört man nicht alle Tage. Ich muß es wissen, von Berufs wegen nämlich. Entschuldigung, hier ist meine Karte.

Sie reicht ihm eine Visitenkarte.

BIBI-DAME I: Ich arbeite für eine große Konzertagentur.

GIGI *betrachtet die Karte und die Dame — sein Gesicht hellt sich auf, er setzt sich wieder und klimpert lächelnd ein paar Takte.*

54. Großes Polizeirevier — Innen/Tag

Beppo ist zu einem HÖHEREN BEAMTEN vorgedrungen, ein dickbäuchiger Herr sitzt allein in einem Büro, Beppo sitzt ihm gegenüber.

BEPPO: Aber Sie müssen mir glauben, ich hab sie doch selbst gesehen, draußen auf der Müllhalde.
BEAMTER: Hauchen Sie mich mal an.

Beppo versteht nicht, was das soll.

BEPPO: Warum bitte?
BEAMTER: Los, los, hauchen Sie mich an!

Beppo tut dies, der Beamte schnüffelt und schüttelt den Kopf.

BEAMTER: Nein — betrunken sind Sie nicht.

Beppo wird ganz rot vor Verlegenheit und murmelt:

BEPPO: Nein, bin ich noch nie gewesen.
BEAMTER: Warum erzählen Sie mir dann diesen ganzen haarsträubenden Blödsinn? Halten Sie die Polizei denn für so blöd, daß sie auf solche Ammenmärchen reinfällt?

BEPPO: *(arglos)* Ja.

Der Beamte bleibt ganz ruhig, schaut Beppo nur prüfend an, dann drückt er auf einen Knopf.

BEPPO: Verzeihung, ich hab es anders gemeint.
BEAMTER: Das ist mir egal.

ZWEI POLIZISTEN betreten den Raum.

BEAMTER: Dieser alte Mann ist verrückt. Man wird feststellen, ob er gemeingefährlich ist – Abführen!

Die Polizisten führen Beppo ab.

55. Künstlergarderobe – Innen/Nacht

Gigi steht vor einem Spiegel. Ein Garderobier hilft ihm in einen seidenen, nachtblauen Frack, dessen Spiegelrevers metallisch glänzen und die über und über mit Glimmer und Straß besetzt sind.
Bibidame will ihm eine große, gelbe Chrysantheme aus Plastik ins Knopfloch stecken. Nervös reißt er ihr die Blume weg und wirft sie auf den Garderobentisch, wo sie in einer offenen Puderdose landet und Puder aufwirbelt.

GIGI: Künstlicher Kram. Diese ganze Verpackung hier paßt mir nicht. Ich komm mir vor wie zugeschnürt. Keinen Ton werd' ich rauskriegen.

Bibidame hat die Blume wieder aus dem Puder geholt, staubt sie ab und steckt sie ihm wieder an.

BIBIDAME I:	Sie sehen fabelhaft aus. Und die hier gehört dazu.

Sie lächelt giftig.

BIBIDAME I:	Sie werden gut bezahlt. Denken Sie an das viele Geld, das hilft.

Gigi lächelt sauer-süß zurück.

56. Kinderdepot – Innen/Tag

Ein ähnlicher Raum wie die Zentrale. Nur die Wände sind nicht mehr Monitore, jedoch sind die bienenwabenartigen Rahmen erhalten. Man sieht dahinter einen Steg, auf dem während der ganzen Szene ein Grauer Herr patrouilliert und dabei mit einem dünnen, silbernen Stöckchen, in der Art eines Taktstocks, gegen den Rahmen schlägt, was ein bösartiges Geräusch verursacht.
In dem sich wölbenden Fußboden sitzen jetzt die Kinder. Alle stumm, ordentlich frisiert und mit strengem Haarschnitt. Unter ihnen PAOLO, CARLO, MAUREEN und SARA.

Die Szene muß wie eine Gehirnwäsche wirken. Zuerst sehen wir MATTEO in Großaufnahme. Sein Gesicht ist ängstlich, etwas Unangenehmes erwartend. Plötzlich ist der Laserstrahl da, trifft genau auf seinen Kopf, und sofort wird er ganz ruhig, aber verkrampft und starr. Das ganze Gesicht hat etwas Angestrengtes.
Das gleiche geschieht mit den anderen Kinderköpfen, bis wir zuletzt in der TOTALEN das gesamte Gitterwerk aus Laserstrahlen über den Köpfen der Kinder haben.

57. Stundenblumenteich

Eine riesenhafte goldene Kuppel, deren höchster Punkt konturenlos-gleißendes Licht ist. Eine große Gold-Schale mit schwarz-glänzendem Wasser gefüllt, über der Mitte des Teiches ein Pendel aus Kristall, dessen Aufhängung unsichtbar zur Lichtspitze der Kuppel verläuft.

Hora hat Momo auf dem Arm und stellt sie nun am Rande des Teiches ab. Momo ist gerade imstande, über den Rand der goldenen Schale auf das Wasser zu blicken. Hora legt den Finger auf den Mund, Schweigen gebietend.

Langsam schwingt das Pendel geradewegs auf Momo zu. Am Rande der Schale entsteht eine Blume, blüht auf und vergeht, während das Pendel langsam zurückschwingt.

Momo bewegt sich am Rande der Schale entlang mit dem Pendel auf die andere Seite. Hora bleibt stehen und beobachtet sie.

Wenn das Pendel und auch Momo auf der anderen Seite angekommen sind, entsteht eine neue Blume und vergeht wieder. Das Pendel schwingt zu Hora zurück und wieder zu Momo, Blumen kommen und vergehen.

Jedesmal wenn das Pendel zurückschwingt, hat es sich ein wenig im Uhrzeigersinn weiterbewegt. Das Pendel selber hat die Gestalt und das Aussehen eines Maurerlots, nur daß es aus unendlich vielen Prismen, die das Licht in allen Farben vielfältig brechen, besteht. Die Kamera fährt langsam aus der GROSSAUFNAHME von Momo über den Teich, der, das Pendel spiegelnd, in den verschiedensten Farben aufleuchtet.

Die Farben scheinen gleichsam die Wasseroberfläche anzustoßen, sie bewegt sich in öligen Wellen. Man ahnt erst, wie immer deutlicher und deutlicher ein Gesicht entsteht, es ist MOMOS Gesicht, aber nur das Oval, gebildet aus Augen,

Nase und Mund. Dann verändern sich die Teile des Gesichts, werden zu Blumen, bis zuletzt das ganze Gesicht aus einer Collage von Blumen in der Manier Arcimboldos entsteht.

58. Uhrenkabinett

HORA sitzt auf einem Schemel, auf seinem Schoß liegt MOMO mit geschlossenen Augen. Es wirkt wie eine Pietà-Darstellung aus der Romantik.

MOMO schlägt die Augen auf, sie schaut HORA mit staunendem Gesicht an.

MOMO:	*(flüsternd)* Meister Hora, ich hab nie gewußt, daß die Zeit aller Menschen so... so groß ist.
HORA:	Was du gesehen und gehört hast, das war nicht die Zeit aller Menschen, es war nur deine eigene Zeit.
MOMO:	Aber wo war ich denn?
HORA:	*(streicht ihr sanft über das Haar)* In deinem eigenen Herzen.
MOMO:	*(flüsternd)* Meister Hora, darf ich meine Freunde zu dir bringen?
HORA:	Das kann jetzt noch nicht sein.
MOMO:	Ich möchte ihnen aber davon erzählen. Ich möchte ihnen die Stimmen vorsingen können, die ich gehört habe. Ich glaube, dann würde alles wieder gut werden.

HORA:	Wenn du das wirklich willst, dann mußt du warten können.
MOMO:	Warten macht mir nichts aus.
HORA:	Warten, Kind, wie ein Samenkorn, das in der Erde schläft, einen ganzen Sonnenkreis lang, ehe es aufgehen kann. So lange dauert es, bis die Worte in dir gewachsen sein werden. Willst du das?
MOMO:	*(flüsternd)* Ja.
HORA:	Dann schlaf.

Er streicht ihr sanft mit der Hand über die Augen.

HORA:	Schlafe.

MOMO holt tief und glücklich Atem und schläft ein.

59. Irrenhaus − Schlafsaal − Innen/Nacht

Vergitterte Fenster und Türen. Beppo hockt auf seinem Bett, um ihn herum einige Patienten, die ihm zugehört haben.

EINE SCHWESTER:	So meine Herrschaften, Licht aus! Jetzt wollen wir mal alle schön schlafen!

Langsam verziehen sich die Patienten zu ihren Betten, während Beppo sich eindringlich an die Schwester wendet.

BEPPO:	Bitte, bitte, Schwester − sagen Sie mir doch, wann ich wieder hinaus darf. Ich muß doch Momo suchen!

Aber die Schwester hat das Licht gelöscht, nur die Notbeleuchtung brennt noch. Man hört das Drehen des Schlüssels und das ekelhafte Geräusch eines Riegels. Beppo liegt mit weit aufgerissenen Augen in seinem Bett und denkt nach. Neben ihm taucht plötzlich das glimmende Ende einer Zigarre auf, aus der Dunkelheit schält sich langsam ein kompletter Grauer Herr heraus. Beppo ist starr vor Schreck.

GRAUER HERR 3: Ich habe den Auftrag, Ihnen ein Angebot zu machen. Ihre Freundin ist in unserer Hand, wir geben Ihnen das Kind zurück unter der Bedingung, daß Sie nie wieder ein Wort über uns und unsere Tätigkeit verlieren. Außerdem fordern wir von Ihnen als Lösegeld die Summe von 100.000 Stunden eingesparter Zeit. Wenn Sie damit einverstanden sind, können wir dafür sorgen, daß Sie hier entlassen werden. Wenn nicht, bleiben Sie für immer hier und Momo bleibt für immer bei uns. Wir machen dieses großzügige Angebot nur ein einziges Mal. Also?

Beppo schluckt zweimal, dann krächzt er:

BEPPO: Einverstanden.
GRAUER HERR: Also denken Sie daran, völliges Stillschweigen und 100.000 Stunden. Wenn wir die haben, bekommen Sie Ihre kleine Momo wieder.

Der Graue Herr ist verschwunden. Nur die Rauchfahne, die im Licht der Notbeleuchtung matt schimmert, erinnert an seine Anwesenheit.

60. Gigis Arbeitszimmer – Innen/Tag

Ein großes Arbeitszimmer im Stil Linea Nuova eingerichtet. Eine Videokamera steht auf einem Stativ. Zwei Studiolautsprecher und verschiedene Tonbandgeräte und Kassettenrecorder stehen herum. Bibidame 1 sitzt hinter einem Schreibtisch und unterzeichnet mit geübter Hand Gigis Autogrammpostkarten mit Gigis Unterschrift. Nebenher bedient sie den Kassettenrecorder.
Gigi trägt Jeans und ein Sportleibchen mit seiner eigenen Fotografie plus Signatur auf der Brust. Ein Choreograph, im Ballettprobenkostüm, arbeitet mit ihm. Er macht Gigi ein paar Schritte vor. Gigi ist völlig verschwitzt. Die Tür öffnet sich, und herein drängt eine Schar, angeführt von Bibidame 2. Alle stellen sich vor Gigi auf. Die Momos sind Kinder (12–14jährig) aus einer Ballettschule. Sterile Gesichter, stark geschminkt. Ihre Kleider erinnern an die der echten Momo, sind aber eher ähnlich einer Nachtclub-Kostümierung, über und über mit Flitter und Straß besetzt und grellbunt.

BIBIDAME 1: Na, ist das eine Überraschung? Ich freß einen Besen, wenn dir das nicht gefällt.

Dabei stoppt sie die laufende Musik und schaltet ein zweites Gerät ein, das Momo-Lied, verkitscht, ertönt. Die Momos beginnen zu der Musik zu singen.

KINDER: *(singen)* Wir alle sind Momos
und war'n so allein
doch heute, da woll'n
wir uns alle freu'n.
Wir Momos, wir Momos
vom anderen Stern
wir alle, wir haben
den Gigi so gern.

Gigi unterbricht sie mit einem Tobsuchtsanfall.

GIGI: *(brüllt)* Schluß! Aus! Quatsch! Was soll der verdammte Quatsch?!

Die Kinder hören erschreckt zu singen auf. Aber die Begleitmusik läuft weiter.

GIGI: Raus hier! Raus! Alle raus! Glaubt denn irgend jemand im Ernst, daß diese niedlichen Püppis irgendwas mit meinem Leben zu tun haben?

Die Kinder und Bibidame 2 verdrücken sich verstört. Nur noch Bibidame 1 und der peinlich-berührte Choreograph sind im Raum.

GIGI: Schwachsinn! Diese ganze Show ist ein verblödeter Schwachsinn! Sagt sie ab, hört ihr, sagt sie sofort ab!
BIBIDAME 1: *(kühl und gelassen)* Die Sendung steht. Du kannst sie nicht einfach absagen. Oder was willst du der Presse erzählen?
GIGI: *(brüllt noch lauter)* Also gut, dann mach ich die Sendung, aber dann werde ich den Leuten sagen, was

los ist! Was los ist mit Momo! Die ganze Welt soll's wissen! Raus jetzt! Ihr auch!

Achselzuckend verläßt BIBIDAME 1 mit dem Choreographen den Raum. Gigi ist allein. Lehnt sich erschöpft gegen die Wand.

Noch immer läuft das Musikband mit Momo's Lied. Plötzlich liegt über der Musik eine tonlose, gleichsam aschgraue Stimme.

STIMME EINES GRAUEN HERRN: Was du dir vorgenommen hast, gefällt uns nicht. Sei brav und laß es bleiben. Ja?

Gigi schreckt auf, blickt um sich, die Stimme scheint aus den Lautsprechern zu kommen.

STIMME: Du hast zwar bisher noch nicht mit uns persönlich das Vergnügen gehabt, aber du gehörst uns schon länger. Mit Haut und Haaren. Sag nur, du wüßtest das nicht.

Während die Stimme spricht, ist Gigi zu dem Kassettenrecorder gestürzt und hat ihn abgeschaltet. Die Musik hört auf, aber die Stimme geht unerbittlich weiter. Gigi schaltet an allen Apparaten wütend hin und her, und da er die Stimme nicht abschalten kann, reißt er mit einem Wutanfall die Kabel aus den Lautsprecherboxen. Aber die Stimme erfüllt weiter den Raum.

STIMME: Laß es bleiben, wir raten's dir im guten.

Gigi wirft die Boxen um, trampelt auf ihnen herum, bis sie vollständig zerstört sind.

GIGI: *(brüllt)* Ich laß es nicht bleiben! Ich bin nicht mehr der kleine, unbekannte Gigi-Fremdenführer, ich bin Girolamo, ich bin ein Star!

Erschöpft hält Gigi über den Trümmern der Lautsprecher inne, er glaubt, nun die Stimmen endgültig besiegt zu haben, da kommt das zellophanpapierartige Lachen der Grauen Herren von allen Seiten.

STIMME: Du bist eine Gummipuppe, wir haben dich aufgeblasen, und wenn du Ärger machst, lassen wir die Luft wieder aus dir raus.

Eine lange Pause entsteht. Gigi ist geschlagen.

GIGI: *(flüstert)* Was habt ihr mit Momo gemacht?

STIMME: Darüber zerbrich dir nicht deinen Kopf. Ihr kannst du nicht helfen. schon gar nicht, indem du Geschichten über uns erzählst. Aber wir werden dich nicht davon abhalten, den Helden zu spielen. Wenn du dich ruinieren willst, bitte.

Es entsteht eine Pause, nach einer Weile:

STIMME: *(sehr suggestiv)* Ist es denn nicht viel angenehmer, reich und berühmt zu sein?
GIGI: *(mit erstickter Stimme)* Doch.

Er weint. Dicke Tränen laufen über sein Jungengesicht.

61. Amphitheater — Außen/früher Morgen

Die Sonne wirft ihre ersten Strahlen durch die Bäume, der Morgennebel hebt sich, die Vögel zwitschern. Ein schöner Morgen. Momo liegt auf einer Stufe des Theaters in der gleichen Haltung, in der sie auf dem Schoß Hora's gelegen hatte. Ein Sonnenstrahl fällt auf ihr Gesicht und kitzelt sie. Sie schlägt die Augen auf, blinzelt und richtet sich dann jäh auf.

MOMO:	*(ruft)* Ich bin wieder daaa!
EIN ECHO:	Ich bin wieder daaa!
MOMO:	Sonne!
EIN ECHO:	Sonne!
MOMO:	Wolken!
EIN ECHO:	Wolken!
MOMO:	Leben!
EIN ECHO:	Leben!
MOMO:	Beppo!

Kein Echo erfolgt.

MOMO: Gigi!

Kein Echo. Momo ist etwas irritiert und versucht es noch einmal:

MOMO: Beppo! – Gigi! – Kinder! –

Keine Antwort.
Dafür stößt etwas an ihre Füße. Es ist Kassiopeia, die Schildkröte. Auf ihrem Panzer erscheint die Schrift:

KASSIOPEIA:	ALLE WEG.
MOMO:	*(fassungslos)* Alle weg?

62. Momos Hütte – Innen/Tag

Die Hütte ist im gleichen Zustand, wie sie von den Grauen Herren damals verlassen worden ist. Das heißt: Alles liegt in schrecklicher Unordnung durcheinander, der Herd ist umgestürzt, nur ist das ganze Chaos inzwischen von Spinnweben und Schimmel ekelhaft überzogen.

Momo starrt fassungslos auf die Verwüstung.

MOMO: Wie lang war ich denn weg?
KASSIOPEIA: JAHR UND TAG.

Da bemerkt MOMO auf den umgestürzten Friseursessel geklemmt einen Brief. Sie nimmt ihn, säubert ihn von Spinnweben und Staub und liest auf dem Umschlag: ›Für Momo‹.

Sie reißt das Couvert auf und nimmt einen Zettel heraus und liest KASSIOPEIA vor.

MOMO: *(lesend, ein wenig buchstabierend)* Liebe Momo! Ich bin umgezogen. Falls du zurückkommst, melde dich gleich. Nino weiß Bescheid. Behalt mich lieb. Ich behalte dich auch lieb. Dein Gigi.

MOMO hat Tränen in den Augen. Sie legt den Zettel behutsam an ihre Wange, ihn gleichsam für GIGI liebkosend.

MOMO: *(mehr zu sich selber als zur Schildkröte)* Siehst du, Kassiopeia, ich bin doch nicht allein!

63. Vor Ninos Kneipe — Außen/Tag

Aus Ninos Kneipe ist ein Schnellrestaurant geworden. Die Fenster wurden vergrößert, die Fassade modernisiert und grell gestrichen, die Eingangstür verbreitert, über dem Lokal steht in großen Neonbuchstaben ›Ninos Schnell-Restaurant‹. Der Eingang führt jetzt direkt auf den Platz.
Momo, die Schildkröte unter ihrer Jacke, schaut verblüfft die Veränderung an, dann betritt sie das Lokal, das randvoll ist. Sie verschwindet im Gewühl der Menschen. In dem Augenblick erscheint in der Spiegelung der Glastüre Beppo, die Straße fegend. Sein Gesicht ist hart, seine Augen fanatisch. Er kehrt mit rasender Geschwindigkeit und fegt an der Tür vorbei die Straße hinunter.

64. Ninos Schnellrestaurant — Innen/Tag

Eines dieser typischen Restaurants, wie sie von Amerika herübergekommen sind und sich wie die Pilze vermehrt haben. Der Grundton ist gelb-grün, an der Fensterseite pilzartige Stehtische, um die sich die Essenden drängen. Auf der anderen Seite eine Barriere aus Chromstangen mit einem Drehkreuz, ein langer Gang führt an Glasvitrinen vorbei, in denen sich fertige Speisen befinden. Am Ende des Ganges eine Kasse, hinter der Nino sitzt. Der Gang ist voller Menschen, die in großer Hast Speisen auf Tabletts stapeln und sich weiterschieben. Und alles mit den mißmutigsten Gesichtern der Welt. Seichte Unterhaltungsmusik in der Luft.
Momo drängt sich suchend durch die Menge, sich immer

wieder auf die Zehenspitzen stellend, bis sie plötzlich – durch die Leute hindurch – Nino erblickt.

MOMO: Nino! Nino!

Nino blickt nicht auf. Er addiert die Beträge und tippt sie in die Kasse, kassiert Geld, das Wechselgeld fällt automatisch in einen Topf.

Momo drängelt sich durch die wartende Schlange. Die Leute reagieren gereizt.

STIMMEN DER LEUTE: Hinten anstellen!
Was soll denn das?!
Frechheit!
Einfach vordrängeln!

Nino blickt – durch das Schimpfen der Leute aufmerksam geworden – hoch.

NINO: Momo? Du bist wieder da. Ist das aber eine Überraschung!

Die Leute in der Schlange meutern.

EIN MANN: Unverschämtheit. Drängt sich einfach vor!
NINO: Einen Augenblick Geduld bitte.
EINE FRAU: Warum ist es nicht im Depot?
NINO: *(hastig zu Momo)* Stell dich hinten an. Nimm dir was zu essen. Gigi bezahlt für dich.
MOMO: Wo ist Gigi? Wie geht's ihm?
NINO: *(hastig)* Er wohnt auf dem grünen Hügel in einer Villa. Er ist jetzt reich und berühmt.
EIN GAST: Unverschämtheit. Geh in dein Depot!

Er schiebt Momo einfach weg. Die wehrt sich, dabei wird die Schildkröte entdeckt, worüber sich eine Frau nun besonders aufregt.

EINE FRAU:	Iiii! Was hast du denn da? Da vergeht einem ja der Appetit!
EINE ANDERE FRAU:	*(zu Nino, sehr lehrerinnenhaft)* Das verstößt gegen die Hygiene-Vorschriften.
EINE FRAU:	Und so verdreckt!

Nino ist nervös, er kommt ins Schwitzen.

NINO:	Du hörst doch, was die Herrschaften sagen.
MOMO:	Aber wo ist Beppo?
NINO:	*(schon weiter kassierend)* Im Irrenhaus, glaube ich!

Sein Kopf beugt sich über die Kasse.

Schnitt
Zwischen den Beinen der Erwachsenen, mit dem Rücken an den Fuß eines der Stehtische gelehnt, hockt Momo auf dem Boden und ißt ein Sandwich. Sie nimmt ein grünes Salatblatt vom Brot, schaut sich vorsichtig um und schiebt es dann unter ihre Jacke, wo Kassiopeia verborgen ist.

MOMO:	*(flüsternd)* Da! – Ich glaub, die Leute sind alle verrückt geworden.

65. Villenstraße – grüner Hügel – Außen/Tag

Die nackten Beine Momos marschieren tapfer vorwärts.

MOMO: Du wirst sehen, Gigi ist nicht wie Nino. Gigi ist ganz anders. Weißt du, Gigi ist – glaub ich – ein bißchen so wie ich.
Au!

Die Beine bleiben stehen. Momo ist auf einen spitzen Stein getreten. Sie reibt die Fußsohle an der Wade des anderen Beins, dann kauert sie sich auf den Boden, setzt Kassiopeia hin und reibt sich die Füße.

MOMO: Wenn ich nur genau wüßte, wo er wohnt. Er wird dir bestimmt gefallen, Kassiopeia, du wirst sehen.

Auf Kassiopeia's Panzer erscheint ein Fragezeichen.

MOMO: Glaubst du, wir werden ihn finden?

Auf Kassiopeia's Panzer: ER KOMMT GLEICH.

MOMO: Sicher?

Auf dem Panzer erscheint: LEBE WOHL.

MOMO: *(erschrickt)* Was meinst du damit? Willst du mich verlassen?

Auf dem Panzer lesen wir: ICH GEH DICH SUCHEN.
In diesem Augenblick öffnet sich hinter Momo ein automatisches Tor, und ein Mercedes rast heraus.
Momo hat Kassiopeia an ihre Brust gerissen und sich auf die Seite geworfen, um nicht überfahren zu werden. Bremsen

quietschen. Das Auto kommt rückwärtsfahrend ins Bild und stoppt auf Momo's Höhe. Eine Tür wird aufgerissen, und der elegante Gigi springt heraus.

GIGI: Das ist doch Momo! Das ist doch wirklich und wahrhaftig meine kleine Momo!

Momo hat die Schildkröte abgesetzt und stürzt auf Gigi zu. Der fängt sie auf, hebt sie hoch, küßt sie und tanzt mit ihr auf der Straße herum.

GIGI: Wo hast du denn gesteckt die ganze Zeit? Über ein Jahr. Warst du bei Nino? Hast du gegessen?
Ach, Momo, wir müssen uns soviel erzählen! Wie geht es dir? Und unser alter Beppo, was macht der? Ich hab ihn schon ewig nicht mehr gesehen. Ach, Momo, ich denk oft an die Zeit, als wir noch alle beisammen waren. Und ich Geschichten erzählt hab und gesungen hab, nur für euch. Das waren schöne Zeiten. Aber jetzt ist alles ganz anders...

Momo kommt überhaupt nicht zu Wort. Aus dem Auto sind inzwischen der Chauffeur und Bibidame gestiegen.

CHAUFFEUR: Hat das Kind sich verletzt?
BIBIDAME I: Was lungert es aber auch vor dem Tor herum? Also, wenn wir uns nicht beeilen, ist das Flugzeug weg.
GIGI: *(nervös)* Mein Gott, diese Sklaven-

>treiber. Ich werd doch noch ein paar Worte... Weißt du was, du begleitest mich auf den Flughafen, und mein Fahrer bringt dich dann nach Hause.

Er setzt Momo einfach in den Wagen, die anderen steigen ein, und schon rast der Wagen los.
Kassiopeia ist allein zurückgeblieben und wiegt nachdenklich mit ihrem Kopf, es ist nicht immer schön, wenn man im voraus weiß, was passiert.

66. Hauptstraße (Autofahrt) − Außen/Tag

Die Hauptstraße hat sich sehr verändert. Alle Häuser sehen jetzt gleich aus, eine endlose Wüste der Ordnung. Es herrscht extremer Verkehr. Wir befinden uns im Wagen, im Fond sitzt GIGI neben MOMO, ihnen gegenüber auf Notsitzen BIBIDAME 1 und 2. Am Steuer der Chauffeur.

BIBIDAME 1:	Ach, diese Momo gibt es also wirklich? Ich hab sie immer für eine Erfindung von dir gehalten.
BIBIDAME 2:	Aber das können wir doch gleich an die Presse geben: ›Wiedersehen mit der Märchenprinzessin‹ oder so. Das greift emotional.
GIGI:	*(streng)* Lassen Sie das Kind in Ruhe!
BIBIDAME 1:	*(zu Momo)* Aber du, Kleine, du möchtest doch bestimmt gern in der Zeitung stehen.

GIGI: *(brüllt)* Schluß! Ich will das nicht!

Momo hat sich verstört in die Ecke gedrückt, und Gigi nimmt eine Pillendose aus der Tasche, stopft sich eine Pille in den Mund. Die beiden Damen schweigen.

67. Villenstraße (grüner Hügel) – Außen/Tag

KASSIOPEIA wandert langsam im Rinnstein die Straße hinab. Sie unterscheidet sich in nichts von einer ganz gewöhnlichen Schildkröte, aber ein bißchen alleingelassen wirkt sie schon.

68. Hauptstraße (Autofahrt) – Außen/Tag

GIGIS Wagen ist in eine Verkehrsstockung geraten. Aus dem Fenster unseres Wagens sehen wir überall wartende und hupende Autos, hastende Menschen. Ein Höllenlärm. GIGI muß brüllen, um sich verständlich zu machen, BIBIDAME 2 schaut andauernd nervös auf ihre Armbanduhr und stößt einen Seufzer nach dem anderen aus. MOMO sitzt eingeschüchtert in der Wagenecke, alles ist ihr fremd, auch GIGI.

GIGI: Ich rede und rede, und du sagst gar nichts. Wie ist es dir gegangen? Erzähl!

MOMO braucht einige Zeit. Sie dreht sich langsam zu GIGI hin, sie macht gerade den Mund auf, da redet GIGI schon weiter. Aber eigentlich redet er mehr zu sich selber.

GIGI: Ich will nicht, daß dieses Pack sie auch noch in die Finger kriegt.

Er schaut rüber an MOMO vorbei aus dem Fenster. Ein paar Passanten haben GIGI erkannt, sie starren ins Auto, ein paar drücken sich die Nasen platt. Das ganze Auto ist plötzlich wie bedeckt von lauter Gesichtern.

GIGI: Ich sag dir eins, Momo, das gefährlichste im Leben sind Wunschträume, die in Erfüllung gehen. Es gibt dann nichts mehr zu träumen – ach, ich hab alles so satt!

MOMO hat sich wieder verschüchtert in ihre Ecke gepreßt, der Wagen fährt an, die Gesichter der Passanten lösen sich von den Scheiben.

69. Villenstraße – grüner Hügel – Außen/Tag

Beppo kommt kehrend die Straße herunter. Er ist wie besessen, kehrt, als ob es sein Leben gelte, ohne Pause. Er hat das Tor zu Gigi's Villa schon längst hinter sich gelassen, da stutzt er plötzlich. Fast hätte er Kassiopeia auf die Seite gekehrt.

BEPPO: Na, sowas!

Er nimmt die Schildkröte hoch und schiebt sie zwischen zwei Eisenstäben eines Gitters hindurch auf den Rasen eines Parks. Wendet sich dann schnell wieder seinem Besen zu und entfernt sich mit schnellen Besenstrichen.

70. Rollfeld eines Flughafens — Außen/Tag

Gigis Wagen steht auf dem Rollfeld. Die beiden Damen sind schon ausgestiegen, der Chauffeur hat den Wagenschlag für Gigi weit aufgerissen, aber der steigt noch nicht aus.

GIGI: Hör zu, Momo. Bleib bei mir. Du wohnst bei mir in meinem schönen Haus, gehst in Samt und Seide, du mußt mir nur zuhören. Vielleicht fallen mir dann wieder wirkliche Geschichten ein, wie früher — und Melodien wie damals, weißt du!

Momo schaut ihn lange an, ihre Augen füllen sich mit Tränen, aber sie schüttelt den Kopf.

BIBIDAME 1: Gigi, beeil dich, wir haben schon Starterlaubnis!

Gigi schaut Momo lange an, nickt dann traurig und reißt sich los. Die Kamera bleibt auf Momo, die starr vor sich hin schaut und ihm nicht nachwinkt. Unter der Tür des Flugzeugs auf der Gangway steht Gigi.

GIGI: *(ruft)* Und jetzt hast du mir gar nichts von dir erzählt!

Aber schon setzt sich das Auto in Bewegung, durch die Scheibe sehen wir die starr geradeaus blickende Momo.

71. Villenstraße – grüner Hügel – Außen/Abend

Gigi's Wagen steht vor dem offenen Tor. Momo klettert aus dem Wagen und wendet sich suchend straßenaufwärts.

MOMO: Kassiopeia!

Der Chauffeur zuckt die Achseln, fährt den Wagen durchs Tor, das sich automatisch hinter ihm schließt.
Momo inspiziert aufgeregt die Straße und entfernt sich dabei straßenaufwärts. Man hört nur noch ihr Rufen.

MOMO: Kassiopeia! Kassiopeia!

Dann wird ihre verzweifelte Stimme abgelöst von der Erzählstimme Hora's aus dem Zug, die über folgender Montage liegt:

72. Montage/Stumm – Hauptstraße

Momo sucht Kassiopeia: Totale der Hauptstraße. Kalter, früher Morgen, kaum Verkehr. Momo schläft hinter Mülltonnen, ein morgendlicher Sprengwagen macht sie naß. Sie springt auf und rennt neben dem Führerhaus her. Schreit und gestikuliert. Der Fahrer zuckt die Achseln und schüttelt den Kopf.
Momo schläft in einer Galerie hinter einer Plakatsäule mit Girolama-Werbung. Eine Kolonne Straßenkehrer fegt die Galerie. Beppo ist nicht unter ihnen. Momo spricht mit ihnen. Allgemeines Kopfschütteln. Die Szene spielt in der Nacht.
Momo wühlt in einem Mülleimer und findet ein Stück Brot.

Sie ißt es gierig. Ein Straßenkehrer kehrt hektisch und schnell. Momo glaubt, von hinten Beppo zu erkennen. Sie rennt zu ihm hin, er dreht sich um: ein fremdes, kaltes Gesicht.
Momo hockt traurig und allein im Amphitheater. Leichter Nieselregen.

STIMME HORA: Es gibt viele Arten von Einsamkeit, aber Momo erlebte eine, die wohl nur wenige Menschen kennengelernt haben und die wenigsten mit solcher Gewalt. Es kamen Stunden, in denen sie sich wünschte, sie hätte die Musik und die Farben der Stundenblumen nie gehört und geschaut. Denn niemand war da, dem sie davon erzählen konnte. An dieser Qual erstickte sie fast.
Es gibt Reichtümer, an denen man zugrundegeht, wenn man sie nicht mit anderen teilen kann.
Aus den Wochen wurden Monate, und immer war Momo allein.

73. Hauptstraße (vor Kinderdepot) – Außen/Tag

Eine Schar Kinder in grauen Uniformen marschiert auf das Depot zu. Unter ihnen Paolo, Franco und Maria. Der Eingang des Depots ist modern, kalt und von wuchtiger Größe. Brutalität in Stein.

Sie haben freudlose graue Gesichter. Momo biegt um eine Ecke, erblickt die Kinder und läuft freudig auf sie zu. Die fremden Kinder gehen schnurstracks ins Depot, nur die drei uns bekannten bleiben stehen.

MOMO: Ich hab euch so gesucht. So gesucht! Kommt ihr jetzt wieder zu mir?

Paolo, Franco und Maria schütteln die Köpfe.

MOMO: Aber morgen vielleicht, ja? Oder übermorgen?

Die drei schütteln wieder ihre Köpfe.

MOMO: Ich hab euch soviel zu erzählen.

Aber die drei marschieren auf die Depottür zu. Franco läuft noch einmal zu der einsam auf der Straße stehenden Momo, die beiden anderen bleiben in der Tür stehen und warten auf Franco.

FRANCO: *(leise)* Bei dir war's viel schöner.
MOMO: Reiß doch einfach aus.
FRANCO: Geht nicht. Hab's schon 'n paarmal versucht.
MOMO: Nimm mich doch mit. Ich bin jetzt immer so alleine.

Kaum hat sie dies gesagt, werden die drei Kinder wie von einem Sog in die Tür des Depots gesogen, die hinter ihnen mit einem lauten Hall zuschlägt.

Momo erschrickt, doch dann will sie an das Tor herantreten, um zu klingeln oder zu klopfen. Sie tut einen Schritt – zwischen ihr und der Tür steht plötzlich ein Grauer Herr, Zigarre im Mundwinkel, ein dünnes Lächeln auf den Lippen.

GRAUER HERR 7:	Zwecklos! Versuch es gar nicht erst! Es liegt nicht in unserem Interesse, daß du dort hineinkommst.
MOMO:	Warum?

Ihr wird schon wieder eiskalt. Sie zieht die Jacke fester um sich. Leute gehen vorüber und haben es eilig. Momo zeigt auf den Grauen, öffnet den Mund, um nach Hilfe zu schreien. Kein Laut kommt aus ihr heraus. Der Graue lacht, es klingt, als ob Zellophan knistert.

GRAUER HERR:	Weil wir etwas anderes mit dir vorhaben.

Er bläst einen Rauchring, der sich wie eine Schlinge um Momo's Hals legt.

MOMO:	*(mühsam)* Was?
GRAUER HERR:	Wir möchten, daß du uns einen kleinen Dienst erweist. Wenn du vernünftig bist, kannst du viel dabei gewinnen – für dich und deine Freunde. Möchtest du das?
MOMO:	*(flüstert)* Ja.
GRAUER HERR:	Dann wollen wir uns heute um Mitternacht zur Besprechung treffen.

Momo nickt stumm. Der Graue Herr ist verschwunden.

MOMO:	*(ruft ins Nichts)* Aber wo? Wohin soll ich kommen?

Keine Antwort. Sie steht ratlos da. Dann fängt sie – wie von Panik ergriffen – zu rennen an. Rennt über die Straße, durch den dicksten Verkehr, wird fast überfahren.

74. Großer Platz — Außen/Nacht

Ein riesenhafter, leerer Platz, einfach eine weite leere Fläche, am Rande heben sich dunkel Umrisse von Häusern gegen den nächtlichen Himmel ab.
Man hört das leise Geräusch von nackten laufenden Füßen, spürt die Umrisse Momo's, die den Platz im Laufschritt überquert.

Eine Turmuhr schlägt 12. Momo bleibt mit den ersten Schlägen mitten auf dem Platz stehen und lauscht.

MOMO: *(sehr laut)* Hier bin ich.

Nichts rührt sich. Sie ruft in die andere Richtung.

MOMO: Hallo. Ich bin hier.

Der letzte Glockenschlag verhallt. Aus allen Straßen, die auf den großen Platz münden, taucht plötzlich ein schwacher Lichtschein auf, der rasch heller wird.
Viele Autos kommen langsam von allen Seiten auf die Mitte des Platzes zu, wo Momo steht. Wohin sie sich auch wendet, strahlt ihr helles Licht entgegen. Sie bedeckt ihre Augen mit der Hand, hüllt sich angstvoll in ihre Jacke, vergräbt fast den Kopf darin.

Die Autos kommen langsam näher und bleiben, einen Kreis bildend, dessen Mittelpunkt Momo ist, Stoßstange an Stoßstange stehen. Graue Herren steigen aus. Sie sind nur schemenhaft erkennbar, eigentlich sieht man nur die Lichtpunkte ihrer Zigarren, und das Licht der Autoscheinwerfer läßt Schwaden von Zigarrenqualm wie einen riesigen Rauchpilz über dem Platz schweben. Man hört etwas, das wie Keuchen aus vielen Kehlen klingt. Schließlich hebt eine fast tonlose Stimme zu sprechen an.

GRAUER HERR 1: Du bist allein, armes Kind. Deine Freunde sind weg, es gibt niemanden, mit dem du deine Zeit teilen kannst.

Aus einer anderen Richtung eine ebenfalls aschgraue Stimme:

GRAUER HERR 2: Einmal kommt der Augenblick, wo du es nicht mehr erträgst.
GRAUER HERR 3: Morgen, in einer Woche, in einem Jahr!
GRAUER HERR 4: Oder bist du schon so weit? Du brauchst es nur zu sagen.

Momo wendet wie ein verängstigtes Tier der jeweils sprechenden Stimme ihren ganzen Körper zu. Sie schüttelt den Kopf.

GRAUER HERR 5: Kennst du Meister Hora?

Momo nickt, und sie nickt auch bei jeder weiteren Frage.

GRAUER HERR 6: Warst du tatsächlich bei ihm?
GRAUER HERR 1: Dann kennst du also die Stundenblumen?
GRAUER HERR 2: Du liebst deine Freunde?
GRAUER HERR 3: Und du würdest sie gerne aus unserer Gewalt befreien?
GRAUER HERR 4: Du könntest, wenn du nur wolltest.

Momo hat sich in dem Maße, wie die Stimmen immer schneller, wie Peitschenhiebe, auf sie eindringen, auch immer schneller in alle Richtungen gedreht. Sie zittert vor Kälte und Angst. Der Zigarrenqualm fliegt langsam auf Momo zu. Sie kneift die Augen zusammen.

GRAUER HERR 5:	Wir möchten diesen Meister Hora kennenlernen.
GRAUER HERR 6:	Wir wissen nicht, wo er wohnt.
GRAUER HERR 1:	Wir wollen, daß du uns zu ihm führst.
GRAUER HERR 2:	Du bekommst dafür deine Freunde zurück.
GRAUER HERR 3:	Ihr könntet euer altes lustiges Leben führen.
GRAUER HERR 4:	Das ist doch ein lohnendes Angebot.

Die Stimmen folgen jetzt langsamer und eindringlicher aufeinander, dementsprechend wird die Drehbewegung Momos auch immer langsamer, bis sie ganz starr stehen bleibt. Sie schließt die Augen, sie nickt weder, noch sagt sie ein Wort. Die Grauen Herren werden unruhig. Man merkt es daran, daß die Lichtpunkte plötzlich zu tanzen anfangen und der Rauch unruhig wabert. Schließlich öffnet Momo die Augen und sagt langsam und schwerfällig:

MOMO:	Was wollt ihr von Meister Hora?
GRAUER HERR 1:	Warum machst du dir Gedanken um ihn? Überleg nicht lange, führ uns zu ihm.
MOMO:	Selbst wenn ... selbst wenn ... wenn ich es könnte – ich tät's nicht.

Jetzt folgen die Stimmen der Grauen Herren schnell aufeinander, bedrohlich wie das Zischen von Schlangen.

GRAUER HERR 2, 3, 4, 5: Was heißt das, wenn du könntest? Du kannst es doch!

	Du warst doch bei Hora!
	Du weißt doch den Weg!
MOMO:	*(flüstert)* Ich finde ihn nicht wieder, nur Kassiopeia weiß ihn.
GRAUER HERR 6:	Wer ist das?
MOMO:	Meister Horas Schildkröte.
GRAUER HERR 1:	Wo ist sie jetzt?

Momo hat sich vor Anstrengung gekrümmt, als ob sie Bauchschmerzen hätte.

MOMO: *(fast weinend)* Sie ... ist ... mit mir ... zurückgekommen ..., aber ... ich hab sie ... verloren ...

Rascheln, Zischen, Türenschlagen.
Die Autos fahren weg.

Momo hockt alleine auf dem weiten Platz. Tränen laufen ihr die Wangen herunter. Plötzlich stupst sie etwas, was sich als Kassiopeia entpuppt. Auf ihrem Panzer leuchtet: HAB KEINE ANGST. Momo steckt die Schildkröte schnell unter ihre Jacke, blickt sich dabei ängstlich um.

MOMO: O Kassiopeia, ich freue mich so, oh, ich freu' mich so, daß du wieder da bist!

Sie blickt sich wieder um, aber kein Grauer Herr weit und breit. Sie holt die Schildkröte aus der Jacke und streichelt sie.

MOMO: Was machen wir jetzt?

Auf dem Panzer erscheint: WIR GEHEN ZU HORA.
Die beiden verschwinden in der Dunkelheit.
Kaum sind sie verschwunden, glimmen überall Zigarren

auf. Ein vielstimmiges Kichern der Grauen Herren ist zu hören. Die Zigarrenlichtpunkte rücken zusammen und gruppieren sich. Es gibt ein phosphoreszierendes Licht, in dem man die Herren nun deutlicher sieht. Sie bewegen sich langsam hinter Momo her.

GRAUER HERR 1: Leise! Langsam!

75. Tunnel

Die Kamera ganz dicht auf die Schildkröte und die nackten Füße Momo's. Die Straße ist hell, die Füße sind schwarz und müde.

MOMO: Lauf doch'n bißchen schneller, Kassiopeia.

Auf dem Panzer der Schildkröte: JE LANGSAMER, DESTO SCHNELLER.
Momo's Füße extrem langsam. Gleichzeitig zieht die Kamera auf und wir erleben den gleichen Effekt wie schon einmal. Die Fenster werden immer schneller und schneller vorbeigezogen.

Schnitt
Auf die verfolgenden Grauen Herren, die immer mehr und mehr werden. Sie stehen erst in gebührendem Abstand und setzen sich jetzt langsam und mit gleichem Effekt in Bewegung. Auch sie haben gelernt, wie man mit dieser Straße umgehen muß. Wieder das grausliche Kichern. Der gleiche Effekt wie bei Momo. Die Fenster jagen vorbei. Sie gehen ganz langsam, in dichter Formation.

76. Niemalsgasse

GROSSES SCHILD: NIEMALSGASSE

Momo läuft rückwärts, so schnell sie kann. Um nicht zu stolpern schaut sie über ihre rechte Schulter auf die Straße. Erschöpft blickt sie auf und bleibt zu Tode erschrocken stehen. Sie sieht eine Phalanx von Grauen Herren in dichten Reihen mit starren, gleichen, unwirklichen Bewegungen in die Niemalsgasse eindringen.

Ihr Gesicht ist von Panik verzerrt. Mühsam, mit bleiernen Füßen, weicht sie zurück. Sie schlägt entsetzt die Hände vors Gesicht.

Die erste Reihe der Grauen Herren: Irgendwie scheint es ihnen vor den Augen zu verschwimmen, denn sie strecken tastend die Hände aus, aber sobald sie einen bestimmten Punkt überschritten haben, beginnen sie sich aufzulösen. Zuerst verschwinden ihre vorgestreckten Hände und die Arme, dann die Körper und Gesichter, auf denen ein überraschter und entsetzter Ausdruck liegt. Die nachfolgenden Grauen Herren wollen zurückweichen, werden aber von den hinteren weiter vorgeschoben und lösen sich ebenfalls auf.

Momo ist inzwischen bei der großen Tür des Nirgend-Hauses angelangt. Sie öffnet sie und schlüpft hinein. Die Tür schließt sich mit großem Getöse.

77. Treppenhaus im Nirgendhaus

Erschöpft lehnt sich Momo gegen die verschlossene Tür. Im gleichen Augenblick öffnet sich oben an der Treppe die kleine Tür zum Uhrenkabinett, und Hora läuft flink die Treppe herab. Momo macht ein paar zitternde Schritte auf ihn zu, da hat Hora sie schon erreicht und schließt die Erschöpfte in die Arme.

HORA: Jaja, alles ist gut, alles ist gut, du bist in Sicherheit.

MOMO: Aber die Grauen Herren ...

HORA: Du hast doch selbst gesehen, daß sie sich einfach in Nichts auflösen, wenn sie die Niemals-Gasse betreten.

MOMO: Ja – und wie kommt das?

HORA: Sie bestehen doch nur aus gestohlener Zeit – und rings um das Nirgendhaus läuft die Zeit rückwärts, und da geht die Zeit im Handumdrehen aus ihnen heraus, wenn sie in den Zeitsog geraten – wie aus einem geplatzten Luftballon. Nur bleibt vom Ballon wenigstens noch die Hülle übrig.

MOMO: Ja – und ich?

HORA: Du bist nur ein bißchen jünger geworden, nicht viel.

Während des Dialogs hat Hora Kassiopeia aufgenommen, sie Momo in die Arme gedrückt und selber die erschöpfte Momo hochgenommen und die Stufen hinaufgetragen.

MOMO: Könnte man da nicht einfach alle Zeit rückwärts laufen lassen? Nur ganz kurz, mein ich. Dann würden alle Leute ein bißchen jünger, das wär doch ganz schön. Aber die Zeitdiebe würden sich in Nichts auflösen.

Hora schüttelt lächelnd den Kopf. Plötzlich kommt ihm eine Idee, und über diese nachgrübelnd, stellt er Momo auf der Treppe ab.

HORA: Nein, das geht nicht...
Das heißt... du bringst mich da auf eine Idee... laß mich einen Augenblick nachdenken...

Er setzt ihr die Allsichtbrille auf die Nase, Momo nimmt die Brille ab, putzt sie mit einem Zipfel ihres Flickenrocks, reibt sich die Augen und setzt die Brille wieder auf.

MOMO: Draußen ist ja alles voll häßlichem Rauch.

Sie gibt erschrocken Hora die Brille zurück.

HORA: Das denk ich mir, sie wollen die Zeit vergiften. Mit dem Rauch ihrer Zigarren.
MOMO: Vergiften? Was sind das für Zigarren?
HORA: Du erinnerst dich an die Stundenblumen? Die Grauen Herren rauben sie aus den Herzen der Menschen und frieren sie mit der Kälte, die sie selber ausstrahlen, ein. Die Blütenblätter trocknen sie und drehen sich daraus ihre Zigarren. Wenn sie sie rauchen, ziehen sie daraus den Rest Leben, der in den Blättern ist, und nur dadurch können sie existieren. Erst in dem Rauch ist die Zeit ganz und gar tot.

Und mit dieser toten Zeit vergiften sie jede Stunde, die ich ausschicke. Und wenn die Menschen diese vergiftete Zeit empfangen, werden sie krank, todkrank sogar. Damit erpressen sie mich.

78. Zentrale Zeitsparkasse

Auf der Monitorenwand ist eine riesige Smogglocke, die über einer Stadt liegt, zu sehen. Der ganze Raum ist in großer Aufregung, zahllose Graue Herren der Vorstandsetagen haben sich im Raum versammelt und stehen mitten zwischen den Köpfen der Arbeitenden. Über Lautsprecher:

LAUTSPRECHER: Der Ring ist geschlossen.
VORSITZENDER: Er sitzt in der Falle.

Jubel bricht aus, die Grauen Herren lachen ihr gräßliches Lachen, springen und tanzen herum und stoßen immer mehr und mehr Zigarrenqualm aus, bis der ganze Raum völlig verqualmt ist.

Uhrenkabinett

HORA hat sich auf den Stuhl neben MOMO gesetzt. Seine Stimme ist monoton, eindringlich, wie die Stimme eines tibetanischen Mönchs.

HORA:	... Aber ich kann dir nicht mehr geben, als eine Stundenblume – also eine Stunde Zeit! Willst du mir trotzdem helfen?
MOMO:	*(flüstert)* Ja.
HORA:	Du wirst ganz allein sein dabei. Denn auch ich werde nicht mehr da sein.
MOMO:	Wo gehst du hin?
HORA:	Nimm einfach an, daß ich schlafe. Die Zeit wird stillstehen, und wenn dir nicht gelingt, was ich mir ausgedacht habe, dann werde ich auch nicht mehr aufwachen, nie mehr. Dann bleibt die Welt still und starr in alle Ewigkeit.

HORAS Gesicht ist plötzlich müde und alt. MOMO legt zärtlich ihre Hand auf die des alten Mannes.

MOMO:	*(zaghaft)* Werde ich dich wiedersehen?

Hora antwortet nicht. Er bückt sich, hebt Kassiopeia auf und gibt sie Momo.

HORA:	Nimm Kassiopeia mit. Sie wird dir helfen.
MOMO:	Kriegt sie auch eine Stundenblume?
HORA:	Sie braucht keine. Sie trägt ihre eigene kleine Zeit in sich. *(Eindringlich)* Aber vergiß nicht: Du hast nur eine Stunde Zeit. Nur eine einzige Stunde.

Er geht durch die kleine Tür ins Treppenhaus und läßt die Tür weit hinter sich offen.

Für eine kleine Weile tut sich nichts, nur die unzähligen Uhren des Kabinetts scheinen lauter und aufgeregter zu tikken, bis plötzlich, mit einem schrecklichen Ton – wie ein Seufzen, das aus der Tiefe von Jahrhunderten zu kommen scheint – die Uhrensinfonie mit einem Mal abreißt.

Totenstille breitet sich aus.

Momo hat plötzlich eine Stundenblume in ihrer Hand. Sie schaut sie an, macht dann zögernd einen Schritt vorwärts und geht langsam auf die kleine Tür zu, unter der sie erschrocken stehenbleibt. Sie weicht, Kassiopeia fest an sich gepreßt, ins Uhrenkabinett zurück und verbirgt sich in einer großen holländischen Standuhr.

Es ist totenstill, bis auf das Trappeln von Schuhen und den Stimmen der Grauen Herren: »Also hat er doch klein beigegeben«. »Wo steckt er denn, der Unaussprechliche?« »Machen wir kurzen Prozeß mit ihm!«

Plötzlich füllt sich der Raum mit Grauen Herren. Einen Moment entsteht Stille.

GRAUER HERR 10: Da stimmt doch was nicht, meine Herren! Sehen Sie sich doch die Uhren an, die stehen! Alle! Sogar die Sanduhr hier.

Groß eine Sanduhr mit einem erstarrten Sandstrahl.

GRAUER HERR 5: *(unsicher):* Er hat sie eben angehalten.

GRAUER HERR 6: Eine Sanduhr kann man nicht anhalten.

Von außen quetscht sich der Graue Herr 8 durch die Menge und ruft aufgeregt:

| GRAUER HERR 8: | Unsere Autos stehen still! Alles steht still! Die Welt steht still! Hora hat die Zeit abgestellt! |

Totenstille entsteht.

| GRAUER HERR 9: | *(sehr leise):* Aber was wird dann aus uns? Wenn unsere mitgeführten Zigarren verbraucht sind? |

Auf einmal schreien alle durcheinander und drängen und schubsen sich und wollen alle auf einmal aus dem Uhrenkabinett heraus. Ihre Stimmen überschlagen sich, alles redet durcheinander.

| STIMMEN DER GRAUEN HERREN: | Katastrophe! Zu unseren Vorratsspeichern! Belagerung abbrechen! Hora wird uns vernichten! Wir müssen zu unseren Zeitspeichern! Ohne Wagen? Das schaffen wir nicht! Niemals! Meine Zigarren reichen noch für 21 Minuten! Meine für 48! Geben Sie her! Sind Sie verrückt! Her! Her! Her! |

Sie gehen aufeinander los und reißen sich gegenseitig die Zigarren aus dem Munde und beginnen sich, wenn sie ihre Zigarren verloren haben, aufzulösen.
Auf ein Gesicht, dem eine graue Hand die Zigarre aus dem Mund nimmt. Er steht da, will seinerseits nach einer Zigarre greifen, erwischt keine, ein angstvoller Ausdruck kommt in sein Gesicht, er wird durchsichtig, immer durchsichtiger und löst sich ganz auf.

Schnitt
Auf Momo, die mit großen Augen die Szene beobachtet. Die meisten der Grauen Herren haben sich schon aufgelöst, ein paar Stummel qualmen auf dem Boden. Graue Herren stürzen sich auf sie, rennen zur Tür hinaus, der Raum ist leer.

Schnitt
Auf Momo, die vorsichtig aus ihrem Versteck kommt. Sie trägt ihre Stundenblume wie eine kostbare Reliquie auf der ausgestreckten Hand. Ein Blütenblatt löst sich und wirbelt zu Boden. MOMO bleibt einen Moment erschrocken stehen, dann hastet sie den Grauen Herren hinterher.

80. Hauptstraße – Außen/Tag

Hauptstraße, die voller Autos und Fußgänger ist, aber alles steht, stumm und starr, wie festgefroren.
Durch die erstarrten Passanten rennen vereinzelte Graue Herren, alle in die gleiche Richtung. Sie sind in einem desolaten Zustand, zerrissen, verdreckt, zerkratzt, ihre Hüte haben sie längst verloren, ihre Zigarrenstummel halten sie krampfhaft fest. Die Bewegung der Wenigen macht die Erstarrung der Vielen erst recht unheimlich. Einem geht die Zigarre aus, im Rennen löst er sich auf.

Hinter einem stehenden Bus mit vielen erstarrten Passagieren taucht MOMO auf, sie rennt dem Grauen Mann nach, vorbei an einem Straßenkehrer, der im Schwung des Kehrens vom Zeitstop überrascht worden ist. Im Vorbeilaufen blickt MOMO hoch und erkennt BEPPO. MOMO bleibt stehen.

MOMO: *(voll Freude)* Beppo, Beppo, ich habe dich überall gesucht, wo warst du denn die ganze Zeit? Ach Beppo, lieber Beppo!

Sie rennt zu ihm hin, will ihm um den Hals fallen, aber sie prallt von ihm ab, als ob er aus Eisen wäre. MOMO hat sich ziemlich wehgetan. Tränen schießen ihr in die Augen, schluchzend steht sie vor ihm und schaut ihn an. Die Schildkröte zappelt in ihrem Arm. Auf ihrem Panzer erscheint: WEITER.

MOMO: O mein Gott, was soll ich tun? Sie sind weg.

Auf dem Panzer erscheint: DU FINDEST SIE.
In Panik hetzt MOMO die Straße entlang.
Eines der großen Gebäude der Hauptstraße ist vollständig mit Planen abgehängt, wie das in Großstädten bei Baustellen im Zentrum üblich ist. Auch hier erstarrte Autos, Passanten etc. Ein einzelner Grauer Herr rennt auf die Planen zu, er humpelt, die Hose ist zerrissen, Hut und Aktentasche hat er verloren. In seinem verbissen zusammengepreßten Mund qualmt noch der Stummel einer Zigarre, er verschwindet in einem Riß in der Plane. MOMO folgt ihm, nicht ohne zuvor mit Entsetzen festgestellt zu haben, daß ihrer Stundenblume schon einige Blütenblätter fehlen und die Blüte schon ein wenig welk zu werden beginnt. Dabei kommt sie an der Diskothek vorbei, vor deren Eingang der Jet-Set-gekleidete GIGI, Autogramme gebend, erstarrt ist. MOMO bemerkt ihn nicht, weil sie gerade auf einen Hund schaut, der beim Pissen vom Zeitstop überrascht wurde.

81. Baustelle – Außen/Tag

Hinter den Planen ist eine große Baustelle. Bagger, Betonmaschinen, Lastwagen stehen herum. Dazwischen Bauarbeiter, alles vom Zeitstop überrascht. Eine Hochspannungsleitung führt zu einem großen Transformator, der mit Maschendraht eingezäunt ist, ein kleines Tor hat ein Schild, auf dem steht: Lebensgefahr, Hochspannung, Eintritt streng verboten. Direkt neben dem Transformator, innerhalb der Einzäunung, geht ein Rohr in die Erde, das einen Durchmesser von ca. 80 cm hat.

MOMO blickt sich suchend um. Der Graue ist verschwunden. Nur Bauarbeiter stehen herum, in ihren Tätigkeiten erstarrt, unter ihnen ein bekanntes Gesicht: NICOLA der Maurer steht da, regungslos wie die andern. Nur seine Haltung ist merkwürdig: Er hat die Hand an den Mund gelegt, als ob er irgend jemand etwas zuriefe, mit der andern Hand zeigt er auf die Öffnung des Rohres. Es scheint, als ob er geradewegs MOMO in die Augen blicken würde. MOMO nimmt das einfach als Zeichen, sie stößt das Türchen auf und klettert in das Rohr.

Bevor sie wegrutscht, ruft sie noch: Danke, NICOLA, dan... Weg ist sie.

82. Rohr

MOMO saust durch das Rohr, wird dabei herumgeschleudert und herumgewirbelt.

83. Stollen — Gang zum Konferenzsaal — Innen/Tag

Die Röhre mündet in eine Art Stollen, der Teil der Kanalisationsanlage zu sein scheint. Momo, die Schildkröte fest an sich gepreßt, ihre Hand um die Stundenblume fest geschlossen, saust aus der Röhre herab und liegt für einen Augenblick wie betäubt auf dem Betonboden.
Dann rafft sie sich auf, sie hört Stimmen und taumelt den Gang hinunter, den Stimmen nach.

VORSITZENDER: Die Herren mit den geraden Zahlen bleiben, die Herren mit den ungeraden werden ersucht, sich augenblicklich aufzulösen.

Momo hört ein grauenhaftes Stöhnen, dann einen Augenblick Stille. Sie steht an einer Abzweigung, weiß nicht, wohin sie sich wenden soll, als ihr die Stimme des Vorsitzenden den Weg weist.

VORSITZENDER: Zum letzten Mal, wenn ich bitten darf.
GRAUE HERREN: *(abzählend)* 1-2-3-4-5-6-7-8-9 ...

Momo kommt an das Ende des Ganges, der in den Konferenzsaal mündet.

84. Konferenzsaal

Am Ende des endlosen Tisches sitzen zwölf übriggebliebene Graue Herren. Ihre Anzüge sind zerfetzt, ihre Glatzen zerkratzt, voller Schrunden und Beulen. Ihre Gesichter sind verzerrt vor Angst, ihre Zigarren qualmen.

Hinter ihnen, an der Rückwand des Saales, steht die Panzertür eines riesigen Tresors ein wenig offen.

GRAUE HERREN: ... 10-11-12.

Der Vorsitzende wirft eine Münze.

VORSITZENDER: Die Herren mit den geraden Zahlen werden ersucht, sich unverzüglich aufzulösen.

Die zum Tode Verurteilten stoßen wieder dieses grauenhaft klingende, tonlose Stöhnen aus, reichen ihre Zigarren an die neben ihnen Sitzenden weiter und lösen sich in Nichts auf. Es sind noch 6 übrig, die jetzt aufrücken und um den Vorsitzenden herum sitzen.

Momo, am Eingang des Stollens kauernd, benutzt die Gelegenheit und huscht über den langen Tisch, weit von den Grauen Herren entfernt. Sie setzt Kassiopeia auf den Boden. In der Perspektive des langen Tisches die Beine der Grauen Herren. Auf dem Panzer Kassiopeia's liest Momo:
DU MACHST DIE TÜR ZU.

MOMO: *(wispernd)* Wie denn? Alles ist doch unbeweglich.

Auf dem Panzer erscheint: MIT DER BLUME BERÜHREN.

Momo starrt auf die Blume in ihrer Hand, die nur noch wenige Blütenblätter hat und bald ganz zu verwelken droht. Sie nimmt die Blume zwischen die Zähne und krabbelt unter dem Tisch in die Richtung der Grauen Herren.

Während dieser Szene sind die Stimmen der Grauen Herren zu hören:

GRAUER HERR 10: Wie gut, daß die Tür zu dem Panzerschrank gerade offenstand, als die Katastrophe begann.

VORSITZENDER: Die Vorräte reichen für eine lange Zeit. Wenigstens einer von uns wird überdauern. (Seine Stimme läßt keinen Zweifel daran aufkommen, wer dieser eine ist).

GRAUER HERR 7: Wenn die Panzertür geschlossen gewesen wäre im entscheidenden Augenblick, könnte keine Macht der Welt sie mehr öffnen. Wir wären alle verloren.

Die Herren sitzen und paffen an den Zigarren.
Unter dem Tisch bewegt sich Momo jetzt langsam zwischen den Beinen der Grauen Herren. Sie ist emsig bemüht, keines der Beine zu berühren. Ganz hinten in der unendlichen Perspektive des langen Tisches sitzt Kassiopeia. Die Grauen Herren diskutieren inzwischen weiter.

GRAUER HERR 3: Leider haben Sie nicht ganz recht, mein Bester. Während die Tür offensteht, entweicht die Kälte, und die Stundenblumen werden nach und nach auftauen.
Sie alle wissen, was dann passieren wird.

VORSITZENDER: *(besorgt)* Sie meinen, daß unsere Kälte nicht mehr ausreicht, die Vorräte tiefgekühlt zu halten?

GRAUER HERR 3: *(etwas anzüglich)* Sie haben uns leider auf sechs dezimiert. Mir scheint, das war ziemlich voreilig.

Auf einen Blick des Vorsitzenden schweigt er.
Der Graue Herr 1 ist sicherlich irritiert von etwas unter dem Tisch. Er beugt sich hinunter.
Unter dem Tisch kauert in großer Panik Momo und starrt dem Grauen Herren ins Gesicht.
Der springt auf, wie von der Tarantel gestochen.

GRAUER HERR 1: *(stammelnd):* Das ist doch ... das ist doch ...

Momo benutzt die Gasse, die durch das Aufspringen des Grauen Herren 1 entstanden ist, und witscht unter dem Tisch hervor. Sie erreicht die Panzertür, bevor einer der Grauen Herren reagieren kann. Mit der Stundenblume berührt sie die Tür, die donnernd ins Schloß fällt. Der Hall löst ein vielfaches Echo aus.
Nur einen Moment zögert Momo, dann rennt sie an den erstarrten Männern vorbei, in einen der Stollen, die in den Saal münden.
Die Grauen Herren erwachen aus ihrer Erstarrung, einem ist vor Schreck die Zigarre aus der Hand gefallen, er bückt sich, um sie aufzuheben, wird aber von den anderen, die sich an die Verfolgung Momo's machen, mitgerissen.

STIMMEN *(durcheinander)* Das ist Momo!
GRAUE HERREN: Wieso kann sie sich bewegen?
Sie hat eine Stundenblume.
Wir müssen sie kriegen!
Wir brauchen die Stundenblume!

Sie rasen in den Gang, hinter Momo her.
Aber in diesem Augenblick ist Kassiopeia vor den Grauen Herren angekommen. Die ersten erkennen das Hindernis und springen darüber hinweg, aber die zwei letzten stolpern über sie und verlieren ihre Zigarren. Der, dem die Zigarre

vor Schrecken entfallen war, schnappt sich beide Stummel, inhaliert tief den Rauch und eilt in den Gang. Die beiden Gestrauchelten starren sich − auf dem Boden hockend − voller Verzweiflung an, bevor sie sich in Nichts auflösen.

Kassiopeia kriecht vor eine andere Stollenmündung, durch die gerade Momo herausrennt, um sofort wieder in dem Nachbarstollen zu verschwinden.

Die Grauen Herren jagen hinterher, schon der erste stolpert über Kassiopeia, die anderen über ihn. Einem entfällt die Zigarre. Er blickt sich suchend um, kann sie nicht entdecken, reißt kurzerhand einem anderen die Zigarre aus dem Mund, der wehrt sich, die beiden kämpfen. Der Vorsitzende und der Graue Herr 1 sind inzwischen im Nachbarstollen verschwunden, hinter Momo her.

Die beiden Kämpfenden haben sich gegenseitig am Hals gepackt und würgen sich. Ihre Gesichter sind verzerrt vor Anstrengung, wenn sie sich in Nichts auflösen.

85. Stollen − Innen

Momo rennt um ihr Leben. Dicht hinter ihr die beiden übriggebliebenen Grauen Herren. Momo kommt an eine Abzweigung, rennt hinein, die beiden hinterher, sofort rennt Momo wieder heraus, sie hat die beiden an sich vorbeilaufen lassen. Sie rennt zurück.

Mit wutverzerrten Gesichtern tauchen die beiden auf, aber der Abstand ist wieder etwas größer geworden.

86. Konferenzsaal – Innen

Vor der Einmündung eines Stollens liegt Kassiopeia auf der Lauer, aber die beiden Grauen Herren haben gelernt und springen einfach über sie hinweg. (Eigentlich hätte Kassiopeia es besser wissen müssen, aber vielleicht hat die verzweifelte Jagd sie ein bißchen verwirrt).
Momo hat sich hinter den langen Konferenztisch gerettet. Langsam gehen die beiden Grauen Herren auf sie zu, schneiden ihr den Weg zu den rettenden Stollen ab und drängen sie mehr und mehr in eine Ecke, gleich neben der Panzertür.
Angstvoll starrt Momo ihnen entgegen. Die Hand mit der Blume an sich gedrückt. Der Graue Herr 1 streckt die Hand nach der Blume aus. Da reißt ihn der andere zurück.

VORSITZENDER: Nein! Mir gehört die Blume, mir!

Der Graue Herr 1 wehrt sich, er hält den Vorsitzenden mit aller Kraft fest. Der schlägt ihm mit Schwung die Zigarre aus dem Mund, die in einem hohen Bogen unter den Tisch fällt. Der erste Graue Herr dreht sich mit einem Wehlaut um, aber wieder ist Kassiopeia zur Stelle, der Graue stolpert über sie, will sich aufrichten, nach der Zigarre grapschen, hat sie mit einer letzten verzweifelten Anstrengung schon fast erreicht, da wird er durchsichtig und löst sich in Nichts auf.
Der Vorsitzende wendet sich Momo zu. Sein Gesicht ist verzerrt vor Gier. In seinem Mundwinkel qualmt nur noch ein winziger Stummel.

VORSITZENDER: *(keuchend)* Her mit der Blume!

Vor lauter Gier fällt ihm beim Sprechen der winzige Stummel aus dem Mund.
Er schaut nach unten: auf den Boden, zu Füßen des Vorsit-

zenden, hockt Kassiopeia, aber kein Zigarrenstummel weit und breit. Der Vorsitzende läßt sich auf die Knie fallen, sucht nach dem rettenden Stummel und findet ihn nicht. Er wendet sein Gesicht Momo zu.

VORSITZENDER: *(winselnd):* Bitte, liebes Kind, die Blume ... Bitte! –

Momo steht in die Ecke gepreßt und schüttelt, ihrer Stimme nicht mehr mächtig, stumm den Kopf. Der Vorsitzende nickt langsam, und murmelt, während er schon beginnt, sich aufzulösen:

VORSITZENDER: *(mit ersterbender Stimme):* Es ist gut ... Daß nun ... alles ... vorbei ...

Er hat sich aufgelöst. Momo starrt auf die Stelle. Nur Kassiopeia ist zu sehen, die zu qualmen scheint. Sie setzt sich in Bewegung, unter ihr wird der Zigarettenstummel sichtbar, den sie mit ihrem Körper verborgen hatte. Auf dem Panzer liest Momo: DU MACHST DIE TÜR AUF.

Momo geht zur Panzertür. Mit der Blume, die nur noch ein einziges letztes Blütenblatt hat, berührt sie die Tür und läßt sie weit aufschwingen. Sie tritt zögernd unter die Tür und schaut staunend in den geöffneten Tresor.

87. Tresor

Ein riesiger, stahlplattengepanzerter Raum, der sich unendlich weit erstreckt. Unzählige Stundenblumen stehen, wie gläserne Kelche aufgereiht, in endlosen Regalen.
Momo starrt auf die Blumen, dann auf ihre Hand, in der

ihre eigene Stundenblume liegt. Sie ist welk und besteht nur noch aus Fruchtstand und einem letzten Blütenblatt, das in diesem Augenblick abfällt und zwischen Momo's Fingern hindurch auf den Boden fällt.
In diesem Augenblick erwacht ein starker Wind und wirbelt die Stundenblumen im Tresor durcheinander. Ein Sog packt Momo, die sich auf den Boden wirft, über ihr wehen die ersten Blumen durch die Tresortür hinaus. Es werden immer mehr, und der Wind wächst sich zu einem richtigen Sturm aus. Um nicht mitgerissen zu werden, krallt Momo sich mit beiden Händen am Rahmen der Tresortür fest, sie entdeckt plötzlich Kassiopeia auf dem Boden vor sich, auf deren Panzer leuchtet die Schrift auf: FLIEG HEIM, KLEINE MOMO! FLIEG HEIM!
In einer riesigen Wolke von Blüten verschwindet Momo, hochgezogen in das Blau des Himmels. Mit großer Schnelligkeit dehnt sich die Wolke aus, bis der ganze Himmel bedeckt ist von einer Wolke aus Stundenblumen, die sich nur langsam unter der wärmenden Sonne auflöst und als bunte Schneeflocken auf die erstarrte Welt fällt.

88. Vorstadt und Amphitheater — Außen/Tag

Hoch über der Vorstadt fährt die Kamera langsam auf das Amphitheater zu. Auf den Straßen ist kein Mensch zu sehen. Langsam fallen Blütenblätter und bedecken die Vorstadt mit buntem Schnee.
Auf dem Grund des Theaterrunds stehen alle unsere Vorstadtleute wie eingefroren, nur die Kinder fehlen. Jeder in einer für ihn typischen Beschäftigungspose und dem dazu gehörigen Requisit. Zum Beispiel NINO mit einem Kochlöf-

fel in der Hand, wie vom Stillstand der Zeit beim Rühren in einem Kochtopf erwischt. LILIANA mit dem Kind, das sie in die Luft hält. BEPPO in der angestrengten Kehrstellung mit seinem Besen, genauso wie wir ihn zuletzt in der Straße gesehen haben. GIGI in Autogrammpose, neben ihm der pissende Hund. NICOLA in der gleichen Haltung wie vor dem Bauzaun ... Auf den Stufen die Musiker eines großen Mandolinorchesters überall verteilt.

Da fällt der Blütenregen und mit ihm MOMO vom Himmel, und alles erwacht aus der Erstarrung. Alles bewegt sich, langsam erst, zögernd, wie aus tiefem Schlaf erwachend.

MOMO schaut umher, ihr Blick fällt auf GIGI, der langsam zu sich kommt. Sein erwachender Blick fällt auf MOMO. Zuerst klappt sein offener Mund vor Verblüffung zu. Dann geht ein strahlendes Lächeln auf; als ob er Angst hätte, aus einem Traum aufzuwachen, umarmt er vorsichtig MOMO.

Alle unsre Leute aus der Vorstadt, auf dem Grunde des Theaters, erwachen. Auf den Stufen stehen überall die Musiker des Mandolinorchesters; auch sie werden langsam lebendig und fangen zu spielen an.

BEPPO ist der letzte, der aufwacht; langsam gehen MOMO und BEPPO aufeinander zu und berühren sich mit den ausgestreckten flachen Händen: ein scheuer, zärtlicher Gruß.

89. Hauptstraße (vor dem Kinderdepot) – Außen/Tag

Wir sehen bildfüllend das Tor mit der Schrift ›Kinderdepot‹ darüber. Auch hier fallen die Blütenblätter. Das Tor öffnet sich mit einem mächtigen, fröhlichen Knall, und eine Menge Kinder, unter ihnen die uns bekannte Vorstadtgruppe mit FRANCO an der Spitze, tobt heraus.

90. Vorstadt und Amphitheater – Außen/Tag

Durch einen Eingang des Amphitheaters stürmen die Kinder das Theater, mischen sich unter die Erwachsenen, umarmen ihre Eltern, MOMO, GIGI, und sie machen einen solchen Wirbel, daß das Amphitheater anfängt sich zu drehen, die Leute anfangen zu tanzen: EIN KARUSSELL DER FREUDE
Die Kamera fährt nach oben in eine große Totale. Gleichzeitig erscheint am Bildrand der uns wohlbekannte Brillenkasch der Horaschen Allsichtsbrille:

91. Uhrenkabinett

Meister Hora sitzt als Rekonvaleszent, eine feine, goldbraune Kaschmirdecke über die Beine gebreitet, in einem Lehnstuhl. Er nimmt seine Allsichtsbrille ab. Seine Augen lächeln in dem müden, noch ein wenig kränklichen Gesicht. Er freut sich mit uns über das fröhliche Theaterkarussell.

HORA: Wie gut! Wie gut!

Kassiopeia krabbelt auf Hora zu und stupst ihn. Hora schaut hinunter zu ihr.

HORA: Da bist du ja!
Du mußt mir alles erzählen – ich hab ja so viel versäumt...!

KASSIOPEIA:	SPÄTER! *(Sie niest).*
HORA:	Oh! Die Grauen Herren haben dich erkältet?
KASSIOPEIA:	UND WIE!
HORA:	Am besten, du ruhst dich ein bißchen aus, wir haben ja Zeit.

Kassiopeia macht es sich auf der Decke Horas bequem, zieht ihren Kopf und ihre Glieder ein. Auf ihrem Panzer scheinen langsam die Buchstaben:

ENDE

Beinahe auf der ganzen Welt kennt man die Geschichte von den Zeitdieben und dem Waisenmädchen MOMO, *das den Menschen die gestohlene Zeit zurückbringt.*
MICHAEL ENDES *Buch* MOMO *wurde in 27 Sprachen übersetzt, und überall haben Menschen jeden Alters* MOMO *ins Herz geschlossen. Doch auf die Frage, was für ein Gesicht* MOMO *hat, konnte – bis jetzt – wohl niemand eine eindeutige Antwort geben. In der vom Autor persönlich illustrierten Ausgabe sieht der Leser* MOMO *nur einmal – von hinten –, als sie sich, in ihrem bunten, bis zu den Knöcheln reichenden Flickenrock, den Kragen ihrer alten, viel zu weiten Männerjacke hochgeschlagen, aufmacht, den Verwalter aller menschlichen Zeit,* MEISTER HORA, *zu suchen.*
Darüber hinaus verrät Autor MICHAEL ENDE *nur: »Sie hatte einen wilden, pechschwarzen Lockenkopf, der so aussah, als ob er noch nie mit einem Kamm oder einer Schere in Berührung gekommen wäre. Sie hatte sehr große, wunderschöne und ebenfalls pechschwarze Augen und Füße von derselben Farbe, denn sie lief fast immer barfuß.«*
MOMO *hatte also kein Gesicht und unendliche viele, die aus der individuellen Phantasie jedes der Millionen-*MOMO*-Leser erwachsen waren.*
MOMO *nun ein Filmgesicht zu geben, war die dringlichste Aufgabe der Filmmacher. »Wir wußten von Anfang an, daß ›keine* MOMO‹ *gleichbedeutend mit ›kein Film‹ war«, sagte Regisseur Johannes Schaaf.*
Wie schließlich eine MOMO *gefunden wurde, von der auch Michael Ende sagt: »Ich habe das Gefühl, daß ich das Mädchen schon kannte, bevor ich das Buch schrieb. Ein Glücksfall« – das schildert Drehbuch-Mitautorin Rosemarie Fendel auf den folgenden Seiten.*

Rosemarie Fendel
Radost Bokel — unsere Momo

Momo — in allen Sprachen der Welt spricht man es gleich aus. In 2 Ländern dieser Welt ist Michael Endes Buch ein Bestseller geworden. Momo, diese Kunstfigur. Mischung aus weisem, altem Menschen und Kind, wurde zur geliebten Heldin. Ein Wesen mit so außergewöhnlichen seelischen Eigenschaften, ›poetische Grenzgängerin zwischen Unschuld und Wissen‹, mit der Ausstrahlung eines Buddhas und der Gestalt eines kleinen Mädchens. Ende beschreibt sie so eindringlich, daß sie jedem Leser sofort vor Augen steht.
Während ich zusammen mit Johannes Schaaf das Drehbuch schrieb, wurde mir manchmal ganz angst und bange, wenn ich daran dachte, daß Momo ›Fleisch‹ werden sollte. Sie war schon einmal von Filmemachern gesucht und ›gefunden‹ worden, es gab Probeaufnahmen und Fotos von diesem Kind. Es ließ mich kalt! Ein wuseliges, normales kleines Mädchen... keine Momo. Also gehe ich erneut auf die Suche... ich muß sie finden, und ich werd sie finden!
500 Bewerberinnen melden sich auf eine Zeitungsannonce, davon kommen drei in engere Wahl, kriegen Texte zugeschickt, aus dem Drehbuch, zum Auswendiglernen, reisen an und enttäuschen. Da flattern noch zwei dumme Polaroidbildchen nachträglich ins Haus... ein mageres Etwas ist darauf zu sehen, im Faschingskostüm. Große merkwürdige Augen blicken mich trotz der Unschärfe des Fotos an, das Kind wohnt gleich hinter meinem Haus. Johannes sagt: »Vergiß es«... ich kann's nicht, die Augen verfolgen mich. Radost kommt, zusammen mit ihrer jungen blonden Mut-

ter, hat es furchtbar eilig. Mutter hat Geburtstag und den will sie viel lieber feiern, als Probeaufnahmen zu einem Film zu machen, dessen Inhalt sie nicht mal kennt. Mutter hat die Bildchen geschickt.
Da sitzt sie nun, betrachtet alles um sich herum mit großer Aufmerksamkeit, hört mir mit den Augen zu.
Mir fällt auf, daß sie sie ungewöhnlich lange aufhält! Wenn sich meine Augen vier- oder fünfmal geschlossen haben, dann haben das ihre nur einmal. Das ganze Kind irritiert und interessiert mich vom ersten Moment an. Als Johannes seine Videokamera bereit macht, schicke ich ein Stoßgebet gen Himmel: »Laß' sie so gut sein, so außergewöhnlich, wie ihre Ausstrahlung!« Es wird erhört.
Johannes fällt beinahe die Kamera aus der Hand, als sie anfängt zu sprechen, zu spielen, die fremden Worte kommen aus ihr heraus, als wären es ihre eigenen, als hätte sie die Sätze gerade erfunden... sie denkt richtig, meint alles was sie sagt... nur wenn sie Angst haben soll, wie Momo vor den Grauen Herren, fängt sie an zu lachen. Wir probieren es auf die verschiedenste Weise. Wenn ich sie erschrekke, lacht sie schallend, versucht es Johannes, klappt's eine Sekunde und schon steigt Lächeln auf und wird zu glucksendem Lachen: »Ich weiß nicht, wie das ist, wenn man Angst hat, ich hab noch nie welche gehabt!« Das soll kein Problem sein, wir werden den Film chronologisch drehen. Bis die Grauen Herren auftauchen, haben wir noch viel Zeit um auszuziehen, das Fürchten zu lernen.
Am Tag darauf ›plagen‹ wir sie nochmal ein bißchen. Vier, fünf, sechs mal muß das Licht korrigiert werden, mal läuft ein Statist durchs Bild, die Dekoration fällt zusammen... Totale, Großaufnahme... noch eine schöne amerikanische Zweier, etc. Immerzu dasselbe und immer wieder neu denken, neu empfinden immer so, als wär's das erste Mal. Viel

Kraft und Konzentration sind nötig. Begabung allein ist noch nicht alles.
Die zweiten Aufnahmen verlaufen grad' so sensationell wie die ersten, im Gegenteil, je öfter wir drehen, um so besser wird sie, nimmt auf, was man ihr sagt, denkt drüber nach, macht es sich zu eigen, das Spiel mit der Kamera beginnt ihr Freude zu machen... ungekünstelt und ohne Scheu agiert sie hier in meinem Wohnzimmer, mit nur gedachter Dekoration und nur mir als Partner... mal bin ich Gigi, mal Beppo, mal Hora... und so nimmt sie mich auch. Radost soll Momo werden, das steht fest!
Meine jugoslawische Haushilfe sagt: »Rosmarin, weißt du was Radost? Wenn du findest Geldtasche auf Straße und kein Name drin und nix, und du weißt du darfst behalten... das Radost!« Also eine überraschende Freude, wie sehr das stimmt!... eine immer wieder überraschende Freude, das war sie, dreieinhalb Monate, den ganzen Film hindurch... talentiert, aufnahmefähig, konzentriert, tapfer und immer vergnügt.
Anfangs, als wir noch nicht wußten, daß Mutter Bokel mit nach Rom kommen würde, sagte ich zu ihr: »Also Heimweh wirst du schon kriegen, fürcht ich.« – »Ich hab ja dich!« – »Ja schon, aber du wirst sicher manchmal traurig sein, daß die Mutti nicht da ist«... da kommt ein erstaunter Satz, ein Profisatz: »Das hab ich mir auch schon überlegt, aber weißt du, ich hab gedacht, die Momo ist sicher auch manchmal traurig und da nehm ich das einfach mit rein!« Wir reisen dann zu viert nach Rom. Mutter Bokel und Nelli, eine Lehrerin für Privatstunden. Radost soll ja nach dem Film in die Oberschule kommen, muß auch noch Schulunterricht haben... wir wohnen alle im gleichen Appartementhaus.
Neue Schwierigkeiten kommen auf uns zu... der Film muß in englischer Sprache gedreht werden. Radost kann kein

Wort Englisch. 10 Tage haben wir zum Eingewöhnen. Wie zwei Kinder erfinden wir uns eine eigene Sprache: »Ta Wa Tia Tua Bawaswa« kann heißen: »Gib mir doch das Salz bitte mal rüber« wenn man es freundlich bittend ausspricht und die nötige Gestik dazu macht, sagt man es böse, heißt es vielleicht: »Sitz doch mal endlich still, oder nimm den Finger aus der Nase«. Wir erfinden immer neue Situationen, beschreiben sie in unserer eigenen Sprache, oder auch mal ganz ohne Worte, der andere muß aus dem Tonfall, der Mimik, dem Spiel erkennen, um was es sich dreht. Das Spiel macht Spaß.

Wir schlendern durch den Park der Villa Borghese, beobachten Passanten, beschreiben sie in unserer Juxsprache und müssen dann erraten, wer gemeint war, wir hinken, humpeln, hüpfen, gehen breit oder O-beinig, legen die Hände auf den Rücken, fuchteln damit herum, schauen gewichtig, verkrampft, nachdenklich, fröhlich... wir lachen viel und denken nicht an Momo und die Schwierigkeiten der englischen Sprache. Wir üben einfach, wie man Gefühle ausdrücken kann, daß Wörter nur zweitrangig sein müssen.

Ich erfinde das ›Regal‹... Wenn uns was besonders Trauriges oder Lustiges begegnet und ich merke, daß es Radost wirklich berührt, sag ich: »Legs auf dein Regal... bau dir ein Regal in deinem Inneren auf, da legst du dies Gefühl drauf. Damit dus abrufen kannst, wenn du's brauchst.« Ihre merkwürdigen Augen blicken mich nachdenklich an, sie nickt, hat verstanden.

Dann fangen wir an zu üben: Was tut Momo, was tut sie nicht, tasten uns langsam an die Figur heran.

Dies Spiel macht ihr weniger Spaß, »es ist so anstrengend, immer nur gut zu sein«, sagt sie... Radost hat manchmal einen kleinen Teufel im Genick, der sich nur schwer vertrei-

ben läßt... die Hölle findet sie meistens viel interessanter als den Himmel... was hilft's, sie soll ja nun bald Momo werden und nicht Beelzebub. Die Angst liegt auch noch nicht auf dem ›Regal‹... na, wird schon noch kommen, nicht mal davor haben wir Angst.
Nelli übt inzwischen Englisch mit ihr, viel Zeit dazu hat sie nicht, die anderen Schulfächer müssen ja auch zu ihrem Recht kommen, aber sie sagt, Radost habe ein Computerköpfchen, sie könne einfach alles speichern, vergißt nichts, will immerzu lernen, lernen. Sie lernt lange englische Passagen auswendig, ohne die einzelnen Worte so richtig zu begreifen, nur der Sinn des Ganzen ist ihr klar, sie geht damit um, wie mit unserer Juxsprache.
Eines Tages überrascht sie mich damit, daß sie ebensoschnell rückwärts wie vorwärts sprechen kann, lange komplizierte Sätze. »Wie machst du das?« frag ich völlig verblüfft. »Oh, ich schreib mirs da oben auf«, sie zeigt auf ihren Kopf, »und dann les' ich's einfach ab.« Tja, also ich versuch es auch, kann's nicht, sie lacht sich krumm darüber. Dann kommt der erste Drehtag, es wird Ernst! Wir sind wohlpräpariert, betreten zum ersten Mal das Set, Momos Höhle. »So, genauso hab ichs mir vorgestellt«, ruft sie begeistert und ist sofort zu Hause. Beppo wird von Leopoldo Trieste gespielt, ihr Herz fliegt dem seltsamen, großen alten Mann zu und das seinige ihr. Während das Licht gesetzt wird, unterhalten sich die beiden angeregt, jeder in seiner eigenen Sprache, er spricht Italienisch, sie Deutsch, sie verstehen sich glänzend, nicht nur zum Schein, sie hat wirklich begriffen, was er gesagt hat.
Johannes erklärt die Szene, richtet sie ein. Radost fängt an zu spielen, wie ein Profi, alles Technische bewältigt sie mit der ›linken Hand‹, und das für die Szene notwendige Gefühl holt sie vom ›Regal‹. Bei Drehschluß klatscht das ganze Ate-

lier Beifall. Radost wirft die Arme in die Luft, rennt auf mich zu, umarmt mich, ich fühle ihr klopfendes Herzchen. »Hast du Angst gehabt?« – »Ein bißchen schon.« – »Na also, was habe ich gesagt? Du weißt ja wo dus hinlegen mußt!« Sie nickt und strahlt.
Ein Drehtag reiht sich an den anderen, wir drehen Primärton, das ist gut so... so kann ich ihr helfen, ruf ihr ihre ›Zwischengedanken‹ zu, kann suggerieren, aufpassen, daß sie nicht mechanisch wird, wir sind wie mit einer unsichtbaren Schnur verbunden. Einmal sagt sie: »Manchmal denk ich, daß eigentlich du die Momo spielst« – »Stört dich das?« – »Nein, nein, es hilft mir, ich glaub', allein tät ich's doch nicht schaffen.« In den Pausen machen wir viel Blödsinn, lernen, wie man mit Journalisten umgeht, der Rummel um sie herum ist groß, er beeindruckt sie wenig, aber sie legt sich für die unermüdlich knipsenden Zeitungsleute ein ›cheese‹-Lächeln zurecht, es dauert grad so lange, wie der Fotoapparat ›klick‹ macht und verschwindet ganz schnell, und meine natürliche Radost kommt wieder zum Vorschein. Manchmal reitet sie freilich ihr Teufelchen, und sie schneidet einem aufdringlichen Knipser eine Grimasse, oder steckt ihm sogar die Zunge heraus.
Anstrengende Wochen und dann ein paar Tage ans Meer zum Erholen. Da passiert dann die Sache mit den Fischen und endlich haben wir auch die Angst auf dem Regal: Wir machen einen langen Strandbummel und da liegen fünf große Fische im Sand, bewegen sich noch. Radost stößt einen schrillen Schrei aus, zittert am ganzen Körper: »Komm, komm schnell, hilf, sie leben noch!« – »Wirf sie ins Wasser!« – »Ich kann nicht, ich hab solche Angst«. Sie ist sehr tierlieb, Tränen laufen über ihr Gesicht, aber die Angst, diese großen Fische anzufassen, ist größer. Also tu ich's für sie, ein wütender Fischer, nicht weit weg von uns,

beschimpft und bedroht uns, wir haben beide Angst, nehmen die Beine in die Hand und rennen davon. Als wir nach Rom zurückkommen, warten die Grauen Herren im Atelier. Viel Glück auf deinem Weg, kleine Radost. Momo kann der Beginn einer großen Karriere für dich werden, aber ich glaub', um dich brauch' ich keine Angst zu haben.

Siegfried Schober
Eine große Kleine

Bericht von den Dreharbeiten des Films ›Momo‹

Cinecittà zur Mittagszeit, durch eine Gasse zwischen zwei riesigen Aufnahmehallen des römischen Filmstudios eilt mit fliegenden Rockschößen ein sonderbares Geschöpf. Über einem bunten Flickenrock, der an Hosenträgern hängt, trägt es ein großes altes Männerjackett. Die nackten Füße, die unter dem üppigen Rock hervorlugen, stecken in roten Flauschpantoffeln. Eine wilde Lockenperücke umgibt ein hellkupfern getöntes Gesicht, Kulleraugen wie schwarze Kirschen gucken einen an. »Hallo Radost.«

Vielleicht wäre es besser gewesen, sie ›Momo‹ zu rufen. Die Kleine, zehneinhalb Jahre alt, weiß manchmal wirklich nicht mehr, wer sie ist. Oder kokettiert sie nur, als sie einmal sagt: »Halb, ja halb bin ich schon Momo.« Aber die Radost Bokel, die sie vor diesem Film war, wird sie wohl doch nie mehr ganz werden können. Aus dem nüchternen Mädchen aus Frankfurt-Sachsenhausen, das vorher nie besonders aufgefallen war, höchstens mit seinem russischen Vornamen, ist hier in Cinecittà ein Star geworden.

»Hallo Radost«. Nein, man erreicht sie kaum. Vor einigen Minuten stand sie noch im Filmstudio vor der Kamera, ein Regisseur und fünfzig andere geschäftige Leute um sie, und aus allen Richtungen strahlten mit zwanzig, dreißig, vierzig Kilowatt die Scheinwerfer auf sie, während sie barfuß die Momo spielte – und sie spielte sie, wieder einmal, großartig.

Als die Szene fertig ist, alles aufbricht, nachdem der Aufnahmeleiter die Mittagspause verkündet hat, schnappt Radost sich von ihrem mit ›Momo‹ beschrifteten Ruhestuhl im dunklen Teil des Studios rasch die roten Pantoffeln, zieht sie sich im Weggehen an und schlüpft allein durch einen Spalt des gewaltigen stählernen Studiotors hinaus ins Freie. Wer ihr dann draußen begegnet, erhält auf den Gruß, den er ihr zuruft, nur eine knappe Reaktion, wie abwesend hebt sie kurz die Hand; der Bann des Filmens und die ungeheure Konzentration liegen noch auf ihrem Gesicht. Selbst ihre Mutter, die mit Kleidung zum Aufwärmen und einer Tüte voller Obst ständig hinter ihr her ist, erscheint sie da manchmal wie eine Fremde, kaum ansprechbar, ganz verändert. Erst abends zu Hause in der kleinen Appartementwohnung, die in Roms Innenstadt durch die Filmproduktion gemietet wurde, ist Radost wieder sie selber, wieder zu erkennen.

Die Schauspielerin Rosemarie Fendel und der Regisseur Johannes Schaaf, die gemeinsam die Verfilmung von Michael Endes Märchenroman ›Momo‹ vorbereiteten und auch viel beim Drehen im Studio zusammenarbeiten, erinnern sich an jenen Tag, als sie Radost entdeckten, wie an ein historisches Datum. Sie waren am Verzweifeln, weil sie nicht ihre Momo fanden. Die wunderbaren Eigenschaften, die dieses Mädchen im Buch besitzt, welches Kind könnte sie glaubhaft verkörpern und mit jenem besonderen Zauber, den Michael Ende ihm verliehen hat? Momo ist eigentlich kein Kind, sondern eine weise, erwachsene Poetin von kindhaftem Gemüt, eine Grenzgängerin zwischen Unschuld und tiefem Wissen. Die ›seltsame Geschichte‹, die das Buch erzählt, von ›den Zeit-Dieben und von dem Kind, das den Menschen die Zeit zurückbrachte‹, ist ein nachdenklicher Stoff. Gegen die Verwaltung und Einengung unseres Daseins protestiert der Romantiker Michael Ende, wenn er seine Momo gegen ein Heer böser ›grauer Herren‹ in den Kampf schickt, durch deren Herrschaft das Leben immer ärmer, hastiger und kälter wird und die Menschen sich einander entfremden. Einen raunenden Alten mit silberweißem Haar – Meister Hora heißt er, und er ist der geheimnisvolle ›Verwalter der Zeit‹ – läßt Ende dabei wie einen Gottvater in die Geschicke der dem Untergang geweihten Welt eingreifen. Und als sein Medium, als die ausführende Retterin, handelt die von ihm auserwählte struppige dahergelaufene Momo, die zusammen mit der Schildkröte Kassiopeia allerhand Abenteuer zu bestehen hat.

Von diesen hintergründigen Dingen hatten Radost und ihre Mutter keine Ahnung, sie kannten Michael Endes Buch ›Momo‹ nicht. Aber in der Zeitungsanzeige, mit der die Filmproduktion die Momo-Darstellerin suchte, stand etwas von ›großen Kulleraugen‹. Die schienen das Wichtigste zu sein, und da dachte sich Radosts Mutter: »Warum probieren wir es nicht einfach mal, denn die Augen, die hat sie ja.« Postwendend auf die eingesandten Fotos kam ein schwieriger, recht abstrakter Text zum Vorsprechen, den Johannes Schaaf und Rosemarie Fendel aus dem Drehbuch ausgewählt hatten, um gleich die höchsten Anforderungen zu stellen. Sie wußten inzwischen, was sie von ihrer Momo-Darstellerin verlangen mußten. Schließlich waren sie schon einmal gescheitert. Bei einem ersten Versuch fand man unter zweitausend kleinen Bewerberinnen aus halb Europa keine richtige Momo. Jetzt, beim zweiten Anlauf, stapelten sich bereits wieder fünfhundert Einsendungen in Rosemarie Fendels Wohnung.

Würden sie diesmal ihre Traum-Momo finden? Kurz bevor Radost auftauchte, glaubten sie fast, sie hätten sie. – Sie probten den ganzen Tag mit jenem Kind, es wurde Nachmittag, der Abend rückte heran, und das Mädchen wurde ›müde, knatschig, unkonzentriert, auch noch häßlich‹. Aber die Dreharbeiten für den Film würden drei Monate dauern. Dann kam Radost. Unvorbereitet. Ihre Mutter hatte als alleinstehende, ganztägig berufstätige Frau mit zwei Kindern – Radost hat einen fünfzehnjährigen Bruder – viel um die Ohren, zuviel, um abends, nachdem sie ihre Tochter aus dem Hort abgeholt hatte, noch ein paar Seiten Filmdialog mit ihr zu büffeln. Rosemarie Fendel nahm die Kleine unter ihre Fittiche und spürte gleich, daß da ›etwas ist‹. Als dann Johannes Schaaf mit der Videokamera Testaufnahmen von dem Mädchen machte, fiel ihm ›fast der Apparat auf der Hand‹. Momo war gefunden...

September, Oktober, November, Anfang Dezember, so lange spielte Radost dann in Cinecittà Momo. Ihre Mutter nahm immer wieder Urlaub, um in der Nähe sein zu können, und fast ständig war eine Freundin der Mutter da. Ein Privatlehrer unterrichtete Radost in den Schulfächern.

Bei einer Theateraufführung ihrer Schulklasse in Frankfurt hatte Radost ihre Sache gemacht wie die anderen Kinder auch. Keine Spur einer Besonderheit war an ihr bemerkt worden, von der Mutter nicht, von den Lehrern nicht. Sie lernte gut, das war alles.

Wie sie werden heutzutage Tausende aus dieser modernen Generation groß. Wenn die Mutter abends spät nach Hause kam, wie oft fand sie dann Radost und ihren Bruder vor dem Bildschirm liegen, den sie ›immerhin noch ausgeschaltet hatten‹, bevor sie einschliefen; ihr Bettzeug hatten sie auf dem Fußboden vor dem Gerät ausgebreitet.

In Rom, in der Fremde, völlig aus der gewohnten Umgebung gerissen, mitten in der Hektik eines riesigen Filmstudios, ständig von fremden Menschen, von tausenderlei Schwierigkeiten, von Zwist, Krach, undurchschaubaren Machenschaften und Reibereien umgeben und eine Menge

Strapazen erduldend, bewährte und entwickelte sich dieses Mädchen zu einem ›Phänomen‹, wie Michael Ende sagt. Er meint auch: »Kinder, gerade Kinder können so etwas.«

›Die Radost‹, so wurde sie, als wäre sie schon die Garbo, von den Filmleuten und auch von ihrer Mutter bald nur noch genannt. Was sie aus sich herauszauberte, ließ sie in den Augen der staunenden Erwachsenen schlicht als ›Wunderkind‹ erscheinen. Radost, die gerade nur zwei Wochen Englisch in ihrer Frankfurter Schule gehabt hatte, mußte vom ersten Drehtag an, was sie und die Mutter gar nicht gewußt hatten, ihre Dialoge auf englisch sprechen. Als internationale Großproduktion – und mit John Huston, dem großen alten Mann Hollywoods, in der Rolle des Meister Hora – wurde ›Momo‹ in dieser Sprache gefilmt. Ebenso spielend, wie Radost Englisch lernte und mit dem 79jährigen Huston bald auch ohne Drehbuchvorlage zu plaudern verstand, schnappte sie während der Arbeit ganz selbstverständlich Italienisch auf.

Michael Ende und Rosemarie Fendel entdeckten, daß dieses Kind ein unerschöpfliches Talent besitzt, sich Sprache anzueignen und vor allem mit der Sprache umzugehen, als wäre das etwas, womit man Zauberkunststücke macht. Ende hat für Momo eine eigene Sprache erfunden. Die Sätze, die Radost in diesem Märchenidiom im Film spricht, merkte sie sich mit Leichtigkeit und Vergnügen – und sie kann sie sofort abschnurren, wenn man sie danach fragt: »Malumba oisitu sono. Erweini samba insaitu lollobindra. Dramona roi beni beni sadogan!«

In der Momo-Sprache unterhielten sich in den drehfreien Minuten und Stunden Rosemarie Fendel und Radost am liebsten. Rosemarie Fendel, die eine lange Erfahrung mit Kinderdarstellern hat, begleitete das Mädchen den ganzen Film über künstlerische Betreuerin, geistige Mutter, Zauberlehrerin. Ohne sie wäre Radost sicher häufig vom ›Seil‹ gestürzt.

John Huston pries Radosts ›große, einzigartige Begabung‹ für die Schauspielerei. Sie sei ›schon wie ein Profi‹. Nach Hollywoodmaßstäben? Ja, sie funktionierte reibungslos vor der Kamera, ließ sich von nichts einschüchtern, nie aus der Ruhe bringen. Immer merkte sie sich die Stelle, wo sie stehen sollte, wann sie im Bild war, wie der Ablauf einer Szene erfolgte. Manchmal dachte man, du lieber Himmel, die ist ja wie ein zarter, geschmeidiger Roboter und muß ein wundersames Computerköpfchen besitzen. Daß sie trotzdem natürlich blieb, dafür sorgte immer wieder die Fendel, als wären ihr magische Fähigkeiten gegeben, auch noch aus der Ferne, aus dem Hintergrund auf Radost einzuwirken.

Rosemarie Fendel spielte und sprach ihr alles vor, unermüdlich, mit suggestiver Nachdrücklichkeit, so lange, bis sie absolut sicher war, daß sich Radost in die Momo eingefühlt, sich in sie verwandelt hatte; kein Rest Radost durfte übrigbleiben. Es hatte wahrhaft etwas von Zauberei. Denn Rosemarie Fendel wurde, um glaubhaft zu wirken, selber fast Momo, und diese Gestalt übertrug sie dann auf magische Weise auf das Mädchen. Kein Wunder, daß Radost diesen rätselhaften Satz äußerte: »Wenn ich vor der Kamera die Momo spiele, dann glaube ich manchmal, daß du, Rosemarie, eigentlich die Momo spielst.«

Um auszuspannen, fuhr Rosemarie Fendel eines Tages mit Radost ans Meer. Sie gingen am Strand spazieren. Radost, die einmal erklärt hatte, sie wüßte nicht, was Angst sei, erschrak sehr, als sie im Sand Fische liegen sah, die noch lebten. Sie starrte fassungslos darauf. »Hast du Angst?« fragte Rosemarie Fendel. »Ja, ich glaube schon.« »Siehst du, und jetzt«, so sprach die gewitzte Schauspielkünstlerin auf ihren kleinen Zauberlehrling mit den großen Kulleraugen ein, »jetzt nimmst du dieses Gefühl, halte es gut in dir fest und leg' es aufs Regal, verstehst du? Verwahr es, bis du einmal Angst spielen mußt, dann holst du's dir wieder.«

Im Studio wird eine wichtige Szene gedreht, und wieder einmal dauert es eine Ewigkeit, bis die Technik, das aufwendige Dekor, die kunstvolle Beleuchtung perfekt sind. Radost, der Star, sitzt inmitten der Szenerie, einem altherrschaftlichen Salon voll mit den verschiedensten Uhren. Auf einem Sofa wartet sie auf ihren Einsatz, im Schoß ihres Flikkenrocks eine echte Schildkröte, die Kassiopeia, neben sich eine der großen Papierblumen, die im Film als Symbol für die Zeit eine wichtige Rolle spielen. Radost ist beim Warten ein Fuß eingeschlafen, er tut ihr weh, sie beißt die Zähne zusammen. Rosemarie Fendel spricht noch einmal geduldig auf Radost ein. Das Mädchen tut fast gleichgültig, als bräuchte es die Hilfe der Großen nicht. Rosemarie Fendel kennt diese Abwehrhaltung, um die sie sich nicht kümmern darf. Sie muß Radost das richtige Gefühl einflößen, den ›Panzer‹ des bloß mechanischen Spielens aufbrechen. Manchmal kann das grausam sein. Aber Radost muß jetzt – die Kamera ist bereit, alles wartet – unbedingt Momo werden, ganz und gar. Sie erhebt sich. ›Action!‹

Sie spielt; und plötzlich spürt man, das ist nicht mehr Radost, sondern wirklich: Momo. Im Hintergrund steht Rosemarie Fendel, die durch den Raum leise hin zu Radost spricht, ob das Mädchen sie hört oder nicht, mit einer Stimme spricht sie, die hypnotisch wirkt, irgendwie dringt das wohl zu Radost, die ihre Arbeit tut, ihr großes Spiel in Cinecittà, als werde sie von einer unsichtbaren Hand geleitet. Nach ein paar Minuten ist schon alles zu Ende. Radost kehrt auf ihr Sofa zurück. Allein sitzt sie dort. ›Hallo Radost.‹ Sie blickt kaum auf und streichelt ihre Schildkröte Kassiopeia – ja, sie ist Momo.

Die Schauspieler

Momo	Radost Bokel
Meister Hora	John Huston
Gigi	Bruno Stori
Beppo	Leopoldo Trieste
Nicola	Mario Adorf
Fusi	Francesco de Rosa
Chef der Grauen Herren	Armin Müller-Stahl
Daria	Elida Melli
Leo	Francesco Perzulli
Nino	Ninetto Davoli
Liliana	Concetta Russina
Mr. Ende	Michael Ende
Grauer Herr BLW 533/C	Silvester Groth

Isabel Russinova, Loes Kamma, Franco Aducci, Enzo Marcelli, Andrea Ciccolella, Paolo Bianchi, Francesca Degli Espinosa, Franco Gabrielli, Desiree Franceschetti, Giada Crippa, Annabella Schiavone, Salvatore Jacomo, Sergio Di Pinto, Francesco Scali, Alessandro Parfexano, Marcella d'Alfonso, Tito Le Duc.

Der technische Stab

Regisseur	Johannes Schaaf
Produzent	Horst Wendlandt
Kamera	Xaver Schwarzenberger
Ausstattung	Danilo Donati
Drehbuch	Rosemarie Fendel
	Johannes Schaaf
	Michael Ende
	Marcello Coscia
Tricks und Spezial-Effekte	Ennio Guarnieri
Musik	Angelo Branduardi

HEYNE
FILMBIBLIOTHEK

Themenbände, die sich mit bestimmten Filmarten, wichtigen Epochen und Kategorien beschäftigen.

32/40 – DM 9,80

32/44 – DM 10,80

32/68 – DM 10,80

32/54 – DM 9,80

32/62 – DM 6,80

32/78 – DM 12,80

32/73 – DM 12,80

32/80 – DM 9,80

HEYNE FANTASY

*Romane
und Erzählungen
internationaler
Fantasy-Autoren
im Heyne-
Taschenbuch.*

06/4275 - DM 14,80

06/4268 - DM 12,80

06/4276 - DM 9,80

06/4277 - DM 7,80

06/4278 - DM 8,80

06/4261 - DM 9,80

06/4240 - DM 7,80

06/4288 - DM 12,80

HEYNE TASCHENBÜCHER

zu Film und Fernsehen

01/6675 - DM 6,80

01/6316 - DM 6,80

01/6532 - DM 6,80

01/6673 - DM 7,80

01/6365 - DM 6,80

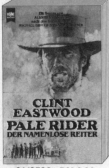

01/6596 - DM 6,80

01/685 - DM 6,80

01/6361 - DM 6,80